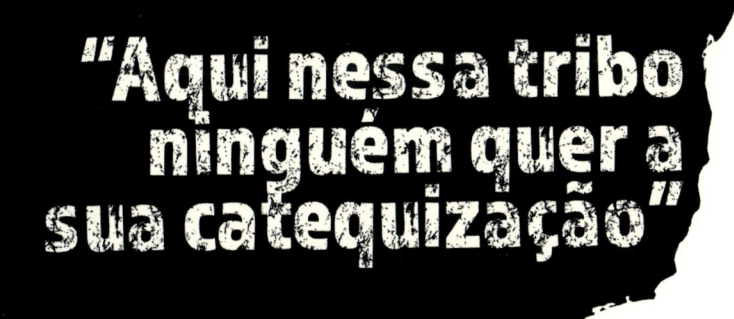

"Aqui nessa tribo ninguém quer a sua catequização"

UFSCar

REITORA Wanda Aparecida Machado Hoffmann
VICE-REITOR Walter Libardi
DIRETOR DA EDUFSCAR Roniberto Morato do Amaral

EdUFSCar - Editora da Universidade Federal de São Carlos

CONSELHO EDITORIAL Ana Lúcia Brandl
Ariadne Chloe Mary Furnival
José Antonio Salvador
José da Costa Marques Neto
Maria Leonor Ribeiro Casimiro Lopes Assad
Odete Rocha
Roniberto Morato do Amaral (Presidente)

UNIVERSIDADE FEDERAL DE SÃO CARLOS
Editora da Universidade Federal de São Carlos
Via Washington Luís, km 235
13565-905 - São Carlos, SP, Brasil
Telefax (16) 3351-8137
www.edufscar.com.br
edufscar@ufscar.br
Twitter: @EdUFSCar
Facebook: facebook.com/editora.edufscar

"Aqui nessa tribo ninguém quer a sua catequização"

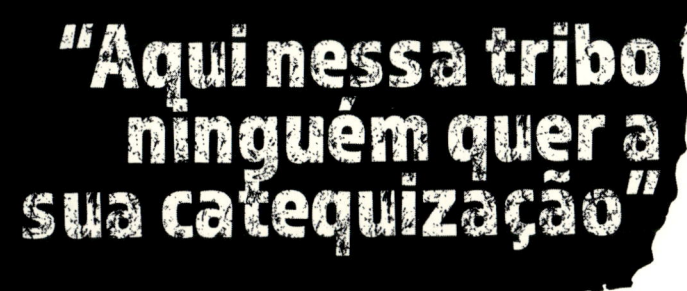

Pedagogia Social,
Educação Popular em Saúde
e Perspectiva Decolonial

JANINE MOREIRA

EdUFSCar

São Carlos | 2020

© 2020, Janine Moreira

Capa
Thiago Borges

Coordenação editorial
Vitor Massola Gonzales Lopes

Projeto gráfico
Bianca Brauer

Preparação e revisão de texto
Marcelo Dias Saes Peres
Daniela Silva Guanais Costa
Taciana Menezes

Coordenadoria de administração, finanças e contratos
Fernanda do Nascimento

Apoio
Universidade do Extremo Sul Catarinense – UNESC

Ficha catalográfica elaborada pelo DePT da Biblioteca Comunitária da UFSCar

M838a	Moreira, Janine. "Aqui nessa tribo ninguém quer a sua catequização" : pedagogia social, educação popular em saúde e perspectiva decolonial / Janine Moreira. -- São Carlos : EdUFSCar, 2020. 213 p. ISBN – 978-65-80216-31-4 1. Educação popular. 2. Educação em saúde. 3. Pedagogia social. 4. Perspectiva decolonial. I. Título. CDD – 370.193 (20ª) CDU – 37

Todos os direitos reservados. Nenhuma parte desta obra pode ser reproduzida ou transmitida por qualquer forma e/ou quaisquer meios (eletrônicos ou mecânicos, incluindo fotocópia e gravação) ou arquivada em qualquer sistema de banco de dados sem permissão escrita do titular do direito autoral.

Volte para o seu lar
(Arnaldo Antunes)

Aqui nessa casa
Ninguém quer a sua boa educação
Nos dias que tem comida
Comemos comida com a mão
E quando a polícia, a doença, a distância,
ou alguma discussão
Nos separam de um irmão
Sentimos que nunca acaba
De caber mais dor no coração
Mas não choramos à toa
Não choramos à toa

Aqui nessa tribo
Ninguém quer a sua catequização
Falamos a sua língua,
Mas não entendemos o seu sermão
Nós rimos alto, bebemos e falamos palavrão
Mas não sorrimos à toa
Não sorrimos à toa

Aqui nesse barco
Ninguém quer a sua orientação
Não temos perspectivas
Mas o vento nos dá a direção
A vida que vai à deriva
É a nossa condução
Mas não seguimos à toa
Não seguimos à toa

Volte para o seu lar
Volte para lá
Volte para o seu lar
Volte para lá

Dedico este livro...

Aos que me originaram:
minha mãe Janet, que, no suposto "não lugar" em que se encontra, nunca está longe;
meu pai Arildo, que, na materialidade junto a mim, sempre está perto.

Aos que encontrei e originei:
meu companheiro Renato, aquele com quem divido meus sonhos;
meu enteado Lucas, que trouxe a magia do primogênito;
nossos filhos Bruno e Caio, a quem sempre estarei unida, onde quer que estejamos.

Aos que ampliam minha família:
minha irmã Josane, uma referência no gosto pela leitura e parceira na vida;
meu cunhado Antonio, um irmão querido;
meu sobrinho afilhado Henrique, um sorriso lindo no mundo;
minha sobrinha Helena, uma luz que aprende a brilhar.

Àquela com quem me iniciei na extensão universitária:
minha amiga Heliete Rocha dos Santos, que, já situada num "não tempo", nos deixa para sempre o legado de um profundo respeito pelo outro.

SUMÁRIO

11 PRÓLOGO

13 PREFÁCIO

25 REFLEXÕES INICIAIS
situando a perspectiva do olhar

37 PEDAGOGIA SOCIAL E EDUCAÇÃO SOCIAL NA ESPANHA

83 APONTAMENTOS CRÍTICOS PARA A EDUCAÇÃO EM SAÚDE

111 EDUCAÇÃO POPULAR EM SAÚDE NO BRASIL

151 PERSPECTIVA DECOLONIAL

187 CONSIDERAÇÕES FINAIS
aproximações e distanciamentos entre a pedagogia social e a educação popular a partir da perspectiva decolonial

205 REFERÊNCIAS

PRÓLOGO

O que faz de nós, profissionais dos campos da saúde e da educação, nos sentirmos tão necessários à vida das pessoas a ponto de ignorar quando elas não querem a nossa "ajuda"? Como saber se o que as pessoas demandam de nós coincide com o que elas realmente necessitam? Como resolver o conflito entre aquilo que elas sentem como necessário e aquilo que nós, profissionais, vemos que elas necessitam? É de ajuda o que as pessoas precisam dos profissionais? É "simplificar a linguagem para que elas entendam" o que o profissional precisa para se fazer entender? Simplificar o que é complexo para que os "menos instruídos", por fim, entendam? Mas seria "simples" viver em uma condição social não possibilitadora de saúde?

E, afinal, quando nem a sensibilidade de ouvir, nem a comunicação estão presentes e as pessoas "nos mandam de volta para os nossos lares", como interpretamos este recado? Psicologizamos esta atitude, atribuindo-a ao fato de estas pessoas serem "resistentes" a nós, e, então, nossa ação implicaria em vencer sua resistência? Ou então seria porque elas estão tão necessitadas de nós que esta verdade se esconderia delas mesmas, e nossa ação seria a de iluminar uma verdade escondida e, assim, salvá-las da obscuridade? Ou, quem sabe, são pessoas tão ignorantes que não conseguem entender o quanto necessitam de nós, e nossa ação seria a de elevar seu nível de entendimento?

Não seria o caso de aceitarmos o convite – ou a expulsão –, voltarmos para o nosso lar e, de lá, refletir por que não fomos aceitos, por que não fomos vistos como necessários, o que faltou de nossa parte e também verificar o que não está ao nosso alcance, o que não podemos fazer? Em uma época em que cada vez mais a ciência ganha poderes no triunfo sobre a morte – a eterna busca do "elixir da vida" –, talvez estas sejam questões por demais "subversivas".

Esta "aceitação em voltar ao lar" pode ser uma oportunidade, a partir do filósofo argentino Enrique Dussel e do semiólogo argentino Walter Mignolo, inspirados no sociólogo peruano Aníbal Quijano, de "decolonizar nosso conhecimento" centrado no messianismo e na visão etnocêntrica que enxerga o outro a partir de si mesmo, ou seja, que não enxerga o outro, mas sim o "encobre". Até que este outro nos expulse de sua tribo, ainda que não legitimemos esta expulsão e não nos movamos de lá.

A música do compositor brasileiro Arnaldo Antunes, gravada pela compositora e cantora brasileira Marisa Monte, pode aproximar-se, assim, da "decolonialidade" e do anúncio do "encobrimento" de Quijano, Dussel e Mignolo, assim como da "dialogicidade" da "educação libertadora" do educador brasileiro Paulo Freire, na reflexão que neste texto faço sobre educação em saúde. Com este vetor político e conceitual é que desenvolvo esta reflexão a partir da pedagogia social – referencial teórico que fornece as bases da educação social na Espanha, de onde advêm práticas de educação em saúde naquele país – e da educação popular – um dos referenciais críticos da educação em saúde no Brasil.

PREFÁCIO

Juan Sáez Carreras
Catedrático de Pedagogia Social
Faculdade de Educação
Universidade de Murcia – Espanha
(traduzido por Marianela Marana Vieyto)

Não deixa de surpreender, positivamente no caso em questão, que exista um livro que seja capaz de pôr em relação três ou quatro campos de saberes em tempos em que as lógicas disciplinares continuam predominando, com suas obsessões parcelizadoras e fronteiriças, nas universidades na hora de programar a formação dos presentes estudantes e futuros titulados. Uma surpresa carregada de admiração e respeito por levar adiante uma tarefa de articulação de territórios do conhecimento aparentemente separados e, entretanto, como boa parte do que tem a ver com a ação humana, tão relacionais, como gostam de dizer os teóricos da sociologia das profissões francesa. Articulação relacional, dois termos associados e vinculados em uma concepção do verdadeiro conhecimento, o conhecimento de síntese, que questiona a fragmentação disciplinar entronizada no espírito das "tribos e territórios acadêmicos" (apreciação de T. Becher), apelando descaradamente ao que é o "resultado da especialização" e "fruto da pesquisa" nas ciências sociais e humanas e desviando, ou ocultando, por outra parte, as metas orientadas à busca de poder e *status quo* no jogo de competições internas e externas que determinados grupos universitários mostram em suas indissimuladas condutas pesquisadoras e docentes. Assim, cabe dizê-lo, o conhecimento residual e atomizador continua sendo o predominante nas propostas formativas de muitas universidades, europeias e latino-americanas. O que não deixa de ser estranho, pode-se apontar, em épocas em que acreditávamos que não se poderia limitar o campo do conhecimento, com conceitos e noções supostamente distanciadas, atravessando-se e polinizando-se como estão os significados de significantes aparentemente afastados, de teorias e enfoques apresentados como rivais e, em realidade, contendo-se uns em outros por transferência, translação consciente e interinfluência mútua.

Janine Moreira mostra sua honestidade intelectual ao evidenciar, com seu livro, que tais fragmentações e divisões costumam ser frequentemente muito arbitrárias e respondem a uma cultura da representação que, por mais que já conheçamos seus erros e faltas, a debilidade de seus fundamentos e a fragilidade de seus pilares, continua sendo imperante na cultura ocidental. Talvez também porque no fundo saiba que, em última instância, os problemas que se apresentam nas lógicas disciplinares são, às vezes, problemas mais de linguagem do que de conteúdos e de suas rígidas relações com os nomes que se colocam em tais matérias, como se tais conexões fossem absolutas, naturais, e não produto histórico, político e social do trabalho e labor humano, lembrando Hanna Arendt. Mas a autora deste livro mostra também valentia ao trabalhar contraposições estreitas e limitantes, e se arriscar, tal qual exige a verdadeira aventura intelectual, ao propor âmbitos disciplinares cujos rótulos, ao serem postos em relação, podem tanto chiar como somente soar. Há em sua proposta um tom nômade que lhe conduz à relação que formula em seu livro, merecedor de uma leitura mais ampla, se esta introdução não exigisse controlar as palavras.

Por que relacionar a pedagogia social com a educação popular para a saúde? E estes dois rótulos, com as traduções que cada um deles comporta, por sua vez, com um tema carregado de significados tão poderosos como o da decolonialidade? Por que geografias de saberes, de contextos culturais tão díspares e distantes aparentemente, são postos em interação? Gostaria, ainda que muito brevemente, interpelado pelas leituras fecundas e ricas que apresenta o livro de Janine Moreira, dar minha visão particular, equivocado ou não – isto é o que menos me interessa – da relação que apresenta a autora.

A pedagogia social, emergente na Alemanha do início do século XX, é uma disciplina que nasceu de mentes neokantianas, invocando a necessidade de uma educação capaz de se ocupar daqueles jovens que, após a Guerra Mundial, andavam desarraigados, sem presente e com futuro incerto, pelas cidades destroçadas, e havia uma maior preocupação por parte dos cidadãos em possibilitar o acesso dos jovens aos restos que viabilizariam sua sobrevivência do que a preocupação dos poderes competentes em educar as crianças desvinculadas de toda atadura social e cultural. A preocupação maior era do cidadão comum para com a sobrevivência destes jovens, do que o Estado para com sua educação. Este espírito pedagógico centrado em setores marginais, correndo fora da escola, é retomado pela pedagogia social na Espanha, quando um bom número de professores universitários, alguns de formação alemã, veem a relevância de criar uma área disciplinar a que intitulam com o mesmo rótulo. Porém, a linguagem é dinâmica, e, mesmo que se assumam alguns dos significantes que procedem da origem cultural da expressão, no nosso âmbito espanhol se manifestam também significações diferentes na hora de explicar no discurso e nas aulas isto que decidimos chamar pedagogia social.

Esta será mais bem compreendida se for explicada sua emergência em nosso território nacional: a criação deste campo de saberes surge quando os citados professores percebem que fora da escola está sendo realizada toda uma série de práticas educativas – o que chamamos "realidade preexistente" – materializadas por uma longa lista de figuras ocupacionais muito diversas (animadores socioculturais, educadores de adultos, gestores de tempo livre, educadores de rua...), percebendo também que tais práticas são cada vez mais frequentes e se recriam nos espaços comunitários mais variados (casas de cultura, residências, centros de atenção a crianças maltratadas, associação de idosos, bibliotecas...), atravessando todo o território nacional e as diversas comunidades espanholas. Impulsionados pela curiosidade e pelo desejo de explorar, entre outros interesses corporativos do mundo da academia (este mundo de docência e pesquisa), o que acontecia além dos muros escolares – esse cenário formal entronizado pelo sistema educativo como o único lugar em que cabe falar de educação –, a comunidade de professores de pedagogia social, ao identificar os fracassos da escola, sobrecarregada de funções e competências que ela não pode assumir, veem a oportunidade de lançar esta disciplina atribuindo-lhe vocação profissionalizante e, com excessivo entusiasmo, também capacidade para "remendar" as disfunções e desajustes do sistema educativo escolar. Se tivesse que escolher, entre as múltiplas definições, uma que sintetizasse na atualidade o que é a pedagogia social, diria que é o campo de saberes que dá razão de ser de uma prática educativa que chamamos "educação social", associada à atividade de um profissional denominado "educador social". Esta conquista de espaços pedagógicos e profissionais propiciou a criação, legalizada pelo Ministério da Educação em 1991, de uma titulação orientada à formação desse profissional. Poderia estender-me, mas apenas queria contextualizar brevemente o argumento a seguir para confirmar as abordagens de Janine Moreira. E, talvez, o xis da questão se centre no termo "social".

É importante lembrar Pierre Bourdieu e sua paixão pelas distinções, porque facilita a precisão de significantes e significados. Se a "sociedade" pode ser considerada esse pulmão vital no qual as pessoas vão tentando sobreviver e tornar um lugar relacional, laboral, afetivo e pessoal, no entorno em que vivem, o "social", termo que se resumiria no anterior, é esse espaço problemático da sociedade. "A mancha no óleo", expressão frequente nos textos de sociólogos, críticos com os efeitos perversos do neoliberalismo, é essa mancha produzida pelos excessos do capitalismo financeiro, secessionista, especulativo e mercantil, o grande produtor de novas bolsas de pobreza que assim se tornam por razões econômicas, políticas, sociais, culturais e educativas muito diversas e que, somadas aos clássicos modos de empobrecer as pessoas, têm chegado a criar uma multidão de excluídos, marginalizados e vulneráveis, vivendo sem presente, com escasso futuro e incerto horizonte. A sociedade do risco tem se instalado na Europa: na Espanha, a exclusão tem se expandido como um terremoto, e a característica destes riscos é que são de natureza social. A pedagogia social e a educação social, com mais ou menos acertos, vão tentando construir sua identidade pela ênfase no "social". De tal modo que boa parte da atividade dos educadores sociais, tal e como os próprios profissionais costumam afirmar, se dedica a desenhar e planificar projetos educativos que nos espaços extraescolares – incluídas as prisões – possam ajudar os excluídos, e outros sujeitos vivendo "no social", a sair de sua situação.

Independentemente dos resultados de tais ações, seria necessário um trabalho a fundo para estimar adequadamente os efeitos destes profissionais em seus nichos laborais; o certo é que as respectivas comunidades de profissionais, universitários e educadores sociais foram autorizadas, e logo legitimadas pelo Estado, para falar e ensinar, para transmitir e gerar contextos de aprendizagem em sujeitos individuais e grupais com finalidades inclusivas e integradoras. Alguns destes afirmam formar parte das profissões pedagógicas à medida que as bases sobre as que se situam suas respectivas atividades se planificam com caráter educativo, e é altamente necessário e urgente explorar o que de pedagógico há nelas, na pedagogia social e na educação social, já que professores com talento mais questionador evidenciam o que chamam de "esvaziamento metodológico", caracterizado por fazer pouca pedagogia e muita sociologia e psicologia.

Em todo caso, uma das vias que se pode utilizar para contrastar o que há de comum e o que há de diferente nas relações entre pedagogia social e educação popular deve se centrar tanto nos substantivos pedagogia e/ou educação como nos adjetivos "social" e "popular". Janine Moreira lançou as bases em seu texto para uma indagação que pode ser relevante se realizada com intenções supra-acadêmicas, quer dizer, culturais, políticas, sociais e pedagógicas, isto é, intelectuais, porque assim, e somente assim, faz sentido vincular as duas disciplinas ou saberes ao tema da decolonialidade.

Se começamos pelos adjetivos, o popular e o social, ainda sabendo que, com tudo o que eles supõem, os contextos de surgimento são diferentes em cada disciplina (Alemanha e Espanha com a interpretação que nosso país fez da pedagogia social; Brasil, e sua posterior extensão em algumas geografias latino-americanas, tem feito da educação popular um referencial e um símbolo de seu país), teríamos que começar nos perguntando o que há de popular na educação social e o que há de social na educação popular? Mais concretamente: Qual é o resultado de relacionar, hoje, dois significantes como o de popular e social, levando em consideração os esclarecimentos que fizemos linhas acima? O popular no social? Qual dos dois resume ou integra o outro?

No que diz respeito ao substantivo – a educação –, seja popular ou seja social, o importante a explorar são as formas de transmitir, de passar a cultura ao sujeito da aprendizagem, seja este individual ou seja este coletivo. Tão importante como levar em consideração os contextos nos quais se materializa a educação, seus conteúdos e metas, é considerar que ela, seja popular ou social, é um processo no qual os educadores devem contribuir para colocar em relação pessoas que têm em comum a necessidade de serem inseridas nas redes sociais de cultura, desenvolvimento e promoção dos indivíduos. Acaso a educação popular, como a educação social, não tem como meta comum que os destinatários dos processos e das ações que se ativam, por direito e necessidade, desfrutem dos bens culturais de uma comunidade, uma sociedade ou um país, que as pessoas os adquiram, alfabetizem-se e os incorporem à sua bagagem de competências e à sua subjetividade pessoal?

A professora Janine Moreira aborda por completo a temática ao fazer referência a determinadas experiências que tiveram como "orientação a educação popular, focada na educação de pessoas excluídas no seio do modelo econômico vigente, com o objetivo de participar na sua formação como sujeitos na transformação da realidade, no contexto de ação das comunidades eclesiais de base e dos movimentos sociais". Os destinatários da educação social e da popular compartilham o fato de viver situações de pobreza excludente. E, portanto, por que não vão compartilhar metas e objetivos de acordo com os desejos que cada um deles expresse? Não são idênticos os dois tipos de educação, é certo, porém estes compartilham elementos e dimensões. A proposta de "formação do povo, às margens, excluído do acesso aos bens de existência com a intencionalidade de que este povo possa agir para mudar a estrutura social excludente" aproxima estes dois campos de ação profissional mais do que seus mais recalcitrantes teóricos entendem.

E a educação para a saúde? A esta altura da pesquisa educativa conseguimos comprovar que a saúde é a meta indicada pela preposição "para". A educação centra seus processos e seus conteúdos na consecução da saúde ou da consciência desta. Por isso, esta área de preocupação da educação tem jogado muito bem com o tema da prevenção. É aqui, provavelmente, onde a educação popular em saúde e a educação social para a saúde coincidem: em conscientizar os sujeitos da educação sobre a obrigação de prevenir todo tipo de vícios e as múltiplas doenças que podem ser evitadas se se conhece como fazê-lo. A tarefa de conscientizar não é exclusiva da Educação Popular, ainda que seja o lembrado Paulo Freire quem aprofunda este conceito e lhe dê uma sistematicidade mais sólida. Uma e outra educação querem dar voz aos excluídos, silenciada por muitas razões, fáceis de compreender.

A conscientização pode propiciar a decolonialidade do sujeito. Seu contrário é a colonização, seja esta física, realizada por meios coercitivos e exploradores, ou simbólica, colonizando o pensamento. Esta é a tarefa proposta pelo projeto etnocêntrico europeu na época e que foi mais modernamente proposta pelo projeto etnocêntrico americano, como bem afirma Janine Moreira. Por trás desta denúncia se encontram movimentos e sobretudo teorias, como os da perspectiva decolonial. Atualmente, este é um debate fecundo em terras latino-americanas, chegando a criar uma gramática, uma linguagem, uma cultura específica em sua crítica à colonialidade, com termos tais como colonialismo cultural, epistemologias do Sul, capitalismo sem-fim, pós-capitalismo, pós-colonialismo, colonialismo sem-fim, o velho e o novo, colonialismo interno e externo (ou de ocupação estrangeira), eurocentrismo etc., e apostando em novas epistemologias, propostas por figuras notáveis da cultura latino-americana como Mignolo, Dussel, Quijano, Vasconcelos, entre outros, capazes de reinterpretar o mundo de maneira diferente àquela da hegemônica e dominante civilização ocidental.

Vale a pena sistematizar alguns pontos, dada a importância do que propõe Janine Moreira e seu correlato no mundo da educação. Isso nos permite perseguir o aprofundamento, o que aspiramos desde o início, mesmo sendo conscientes de que estamos construindo uma introdução. O ponto de partida destes enriquecedores debates tem a ver com a ideia de colonização que atravessa a cultura latino-americana: o que é mostrado na crítica à "lógica eurocêntrica", que, como tarefa colonialista, tem consistido em pôr em andamento processos de dominação do "outro" com efeitos tão perversos como o de constatar que este "outro" se veja e se sinta "outro" em relação a si mesmo. A colonialidade é a outra face da modernidade, a qual prometia, com a Revolução Francesa, o espírito universal, a igualdade, liberdade e fraternidade para todas as pessoas. A modernidade entrou em crise porque o acontecer pretendidamente universal não o foi em absoluto, e muitos povos, como os que ficaram sem história pela relevância dada ao descobrimento e a seus atores, ficaram sem passado nem presente, sem poder contar seus relatos e suas experiências. As epistemologias do Sul (Souza Santos) vão emergir como reivindicação do conhecimento e da emancipação social e cultural daqueles que têm perdido seus horizontes e estão em uma situação de dependência vulnerável e muito preocupante. O Sul é utilizado como metáfora do sofrimento humano e o Norte como lugar de estabilidade e riqueza. Os objetivos das novas epistemologias que estão surgindo, especialmente da América Latina, são variados e complexos em tempos em que as crises da modernidade supõem a queda dos pilares de moderna civilização, mas restam poucas dúvidas de que abordagens tão transformadoras poderiam colaborar para construir a imagem de uma educação que se oriente com realismo e veracidade, potencializando uma democracia intercultural que una todo tipo de norte com todo tipo de sul, construindo as múltiplas pontes de aprendizagem necessárias. Uma educação que faça compreender a todo cidadão, viva no norte ou no sul, que a compreensão do mundo é tão ampla como é sua diversidade infinita, portanto muito mais ampla e complexa que qualquer epistemologia ou paradigma que pretenda explicá-lo com exclusividade. A compreensão ocidental do mundo é insuficiente, como já manifestado por Habermas, e a sua transformação "pode ser dada por rotas não previstas pelo pensamento ocidental" (Souza Santos).

As epistemologias do Sul têm essa marca descolonizadora à qual a educação não pode ser alheia porque, como reitera uma e outra vez Janine Moreira, reclama unir a reivindicação do conhecimento e seu importante papel à emancipação cultural e social. Chega de hegemonias imperativas e imperialistas! Uma educação aberta, rompedora com as classificações e dualismos pouco respeitosos ao se utilizarem de categorias que humilham e estigmatizam, além de controlar as populações, lhes impondo sua cultura e seus valores e lhes obrigando ao silêncio. Talvez tenha chegado o "tempo de deixar de ser o que não somos", parafraseia Janine em uma bela frase. E a educação em geral, e, em particular, a educação para a saúde, pode exercer um relevante papel, formando parte de um ambicioso e permanente projeto no qual os objetivos e as metas se centrem tanto em reconhecer todos os tipos de diferenças e todos os envolvidos quanto em eliminar por todos os meios culturais e políticos possíveis a persistência de desigualdades e injustiças diariamente cometidas. Daí a proposta clara e sem ambiguidade de Moreira: educar em e para a saúde a partir de um projeto decolonizador demanda enfoques educativos, como os do professor Paulo Freire, entregue à causa do diálogo, do encontro, das experiências enriquecedoras vividas nas situações particulares pelos seus protagonistas, sem necessidade de ter que imitar modelos, modos e maneiras que são alheios a ele, ao seu contexto, à sua comunidade. A educação libertadora impulsionada por Freire possibilita, dito em termos pedagógicos, que a educação e a educação para a saúde sejam o motor, não o único evidentemente, de práticas decolonizadoras que propiciem uma visão de mundo, outros muitos pontos de vista e imagens que não se reduzam às impostas pelo eurocentrismo, externo e interno, à América Latina.

O livro da professora Janine Moreira é um texto para pensar lentamente, uma oportunidade para estabelecer um diálogo incessante com o que nos diz. Ele pertence a uma classe de textos, tal como nos clássicos literários, que se costuma abrir e começar a ler com certa expectativa e incerteza, e se costuma fechar com proveito e o sentimento de não ter perdido tempo em nenhum momento.

> O que mais receamos é o que nos faz sair dos nossos hábitos.

(*Crime e castigo*, 1866, Fiódor Dostoiévski, russo)

REFLEXÕES INICIAIS
situando a perspectiva do olhar

Este texto se constitui em minha pesquisa de estágio de pós-doutoramento, realizado na Faculdade de Educação da Universidade de Múrcia, na Espanha, com a orientação do Prof. Dr. Juan Sáez Carreras, no ano de 2016. Ela é centrada na pedagogia social e na educação popular no campo da saúde. E por que dedicar-me ao estudo da pedagogia social? Porque ela é a base teórica da educação em saúde na Espanha. A educação em saúde naquele país é uma ação que se relaciona com a profissão de educação social, a qual tem na pedagogia social seu constructo teórico. Meu delineamento de estudos começa por compreender este constructo teórico. Em seguida, dedicar-me-ei a compreender os apontamentos críticos para a educação em saúde provenientes deste referencial e também da literatura especializada brasileira. A seguir, farei reflexões sobre a educação popular em geral e no âmbito da saúde no Brasil. Finalmente, dedicar-me-ei a compreender as aproximações e os distanciamentos entre a educação popular em saúde no Brasil e a pedagogia social no âmbito da saúde na Espanha. Neste movimento aproximativo e "distanciativo", terei como orientação o referencial epistemológico da "decolonização do conhecimento", a partir do sociólogo peruano Aníbal Quijano, do filósofo argentino Enrique Dussel e do semiólogo argentino

Walter Mignolo. Estando na Europa, percebi que as questões latino-americanas não conseguem ser respondidas a partir dos constructos europeus, não porque estes sejam piores – e nem melhores –, mas tão somente porque as questões latinas não são as mesmas que as europeias. Todavia, costuma-se, na América Latina, importar teorias para "aplicá-las" aos nossos contextos, aumentando cada vez mais nossa histórica situação colonial. A "escola de Dussel" faz-se presente em algumas orientações da educação popular em saúde.

A questão que me inquieta em meus estudos é a relação educativa entre profissionais e população/usuários dos serviços de saúde. Meu olhar educativo parte da educação libertadora freiriana, a qual compreende a educação como um ato político e direcionada à conscientização de um coletivo, para que este coletivo se reconheça como sujeito da história e intervenha para mudar os aspectos de injustiça de uma sociedade, transformando-a na direção de justiça social. O ato educativo sempre apresenta um vetor, uma ética, e estes definem a relação educativa estabelecida entre os sujeitos implicados na mesma. Aqui ganha importância o sentido de alteridade, a maneira como cada um envolvido na relação enxerga o outro. O modo como vejo o outro implica na relação que estabeleço com ele. Vivenciar uma educação libertadora implica em ver o outro como sujeito, da mesma forma que eu também me reconheço como tal. Apenas sujeitos podem vivenciar uma relação efetiva de liberdade e de libertação de uma realidade opressora, e daí se entende que uma sociedade na qual falta justiça social é opressora porque estruturalmente fabrica oprimidos.

A liberdade referida neste texto tem o sentido existencialista sartriano de condição ontológica do homem. Assim, a liberdade é condição humana, mas ela pode ser vivida alienadamente. Unindo estes dois referenciais, freiriano e sartriano, tem-se que o intuito de uma educação libertadora é que a liberdade seja vivida criticamente. Uma vez no mundo, as pessoas fazem a história, quer saibam ou não disto. É papel da educação que se quer libertadora mediar o caminho para a criticidade, para que as pessoas tenham a dimensão de seu ser histórico. A educação muda o mundo? A educação tem o poder de mudar as pessoas? Sim e não. Como dizia o poeta brasileiro Mário Quintana, "os livros não mudam o mundo, quem muda o mundo são as pessoas; os livros só mudam as pessoas". O mundo é mudado pelas pessoas, a educação é uma das mediações no caminho interminável de construção humana, dialetizada pela construção mundana. Agora: Qual mundo construir? Que pessoas formar? Estes são sempre vetores, portanto estas serão sempre questões éticas. Parto do vetor da construção de um mundo onde as pessoas se saibam sujeitos históricos e que possa ser um lugar de iguais oportunidades para todos (porém não no sentido individualista liberal), onde os valores de solidariedade, simplicidade (em contraposição ao consumismo), justiça social, democracia, sejam fundantes.

Dadas estas bases de partida, sigo agora com algumas reflexões acerca da pedagogia social. É importante situar que minha condição de fazer estas reflexões é dada a partir do meu lugar: brasileira, situada no contexto latino-americano, que não teve contato com a pedagogia social ou com a educação social em seu país, e sim com a educação popular, sendo esta, portanto, minha matriz primeira. Por mais que me esforce em compreender a pedagogia social e a educação social, elas sempre serão para mim segundas em relação à educação popular, o que não as torna menos significativas, mas as localizam como que em comparação com a educação popular. Esta condição trouxe uma contingência na elaboração deste texto: meus primeiros olhares para a pedagogia social e educação social – olhares a partir da pedagogia social e da educação social na Espanha – foram de estranhamento acompanhado de crítica; os primeiros escritos que li sobre a pedagogia social (ponto de partida de meus estudos) me levantavam perguntas desde as suas bases, e foi a partir delas que iniciei este texto. Depois, fui buscando referências que me pudessem indicar a criticidade da pedagogia social. E então fui respondendo às minhas primeiras perguntas e formulando outras, pois acredito que construir um texto com base em questionamentos é uma forma salutar de ir construindo o conhecimento. Mas, então, à medida que ia encontrando uma pedagogia social e uma educação social críticas, ia modificando a direção de minhas perguntas.

Minha primeira questão é em relação à razão de ser da pedagogia social do ponto de vista epistemológico. Por que houve a necessidade de uma especialização da pedagogia em pedagogia social? Para mim, psicóloga de formação, é como se tivesse que desmembrar a psicologia social – considerada uma área da psicologia – da psicologia de forma geral. Para que esta separação da pedagogia tenha sido necessária, houve condições de impossibilidade de reconhecimento da especificidade do "social" dentro da "pedagogia". Isto é ainda mais premente pelo fato de que a pedagogia social consiste na base teórica de uma nova profissão, a de educação social,[1] outra especificidade da profissão de "educador". A partir das leituras da pedagogia social e da educação social produzidas na Espanha, pude compreender que tal necessidade está alicerçada nas críticas dos estudiosos do "social"[2] para com a Pedagogia, inicialmente situada no âmbito escolar, e de uma escola criti-

---

1   Em 7 de novembro de 2017 foi aprovada a regulamentação da profissão de educador social no Brasil pela Câmara dos Deputados, tendo o projeto seguido para aprovação no Senado. Segundo o texto aprovado, "cabe ao educador social atuar com vítimas de violência, exploração física e psicológica; com segmentos sociais prejudicados pela exclusão social, como mulheres, crianças, adolescentes, negros, indígenas e homossexuais; com jovens envolvidos em atos infracionais; com a população carcerária; com idosos e pessoas com deficiência; e com dependentes químicos, entre outros". O texto da lei também prevê "a possibilidade de formação específica em pedagogia social para que, no futuro, a carreira possa se beneficiar dos cursos superiores e de pós-graduação que já começam a ser oferecidos no Brasil" (disponível em: http://www2.camara.leg.br/camaranoticias/noticias/DIREITOS-HUMANOS/547754-CAMARA--APROVA-REGULAMENTACAO-DA-PROFISSAO-DE-EDUCADOR-SOCIAL.html. Acesso em: 17 abr. 2018). Em nosso país, diferentemente da Espanha, a educação em saúde não está tão presente no campo da educação social, sendo desenvolvida prioritariamente por profissionais de saúde. Este cenário poderá ser modificado com a regulamentação da profissão.

2   "O social" é compreendido como o contexto de vida das pessoas, o qual não pode ser negligenciado no ato educativo, mesmo no escolar. Mas também ele tem o sentido específico de ser o âmbito problemático, a esfera marginalizada do sistema social hegemônico, de orientação liberal, as "sobras" fabricadas por este sistema. A partir das referências espanholas, é neste sentido estrito que se situam as "profissões sociais", entre elas a de educador social, no sentido de inserir estas pessoas na sociedade normalizada, trabalhar na direção de um "tecido social" que as inclua.

cada como estando de costas para as questões sociais, excessivamente preocupada com o repasse de conteúdos e com um formato disciplinar. Onde, então, esta escola se relacionaria com a vida concreta, com suas lutas, contradições, condições? Esta foi a base de separação da pedagogia social da pedagogia e também da educação social da educação. Base esta de âmbito político, e não epistemológica, ou, então, base política que implicou em uma diferenciação em sua base epistemológica. Também a "educação popular" é uma especificidade da "educação" na América Latina, ainda que não se configure numa profissão alicerçada em uma carreira específica. E, igualmente, sua razão de ser se encontra na busca pela superação de uma educação tradicional, "bancária", segundo o referencial freiriano, ainda que ela não se constitua na única dissidência em relação à educação tradicional.

A Pedagogia Social se originou na Alemanha, no início da segunda década do século XX, mas foi nos dois pós-guerras que ela teve seu desenvolvimento. Pelas dimensões destrutivas da 2ª Guerra, e pela consequente criação, em vários países europeus, do Estado de Bem-Estar Social,[3] pode-se dizer que foi a partir de meados do século XX que a Pedagogia Social começou a se desenvolver. A educação social é uma prática educativa que pretende a inserção de pessoas marginalizadas socialmente na sociedade normalizada. Ainda que ela seja anterior ao estado de bem-estar, desenvolveu-se a partir dele, o qual pretendia assegurar para todos as condições de vida digna em um contexto de reestruturação de países destruídos materialmente pela guerra e vindos de períodos ditatoriais (no caso, a Alemanha nazista e a Itália fascista). A educação social

---

3 "O *estado de bem-estar social* (do inglês, *welfare state*) é uma perspectiva de Estado para o campo social e econômico em que a distribuição de renda para a população, bem como a prestação de serviços públicos básicos, é vista como uma forma de combate às desigualdades sociais. Portanto, neste ponto de vista, o Estado é o agente que promove e organiza a vida social e econômica, proporcionando aos indivíduos bens e serviços essenciais durante toda sua vida. Com efeito, esse modelo de gestão pública é típico em sistemas social-democratas das sociedades ocidentais modernas e, atualmente, seus melhores exemplos podem ser encontrados nas políticas públicas da Noruega, Dinamarca e Suécia" (http://www.todamateria.com.br/estado-de-bem-estar-social. Acesso em: 3 maio 2016).

é resultado de um caminho de construção da cidadania que só pode ocorrer na busca pela justiça social e pela democracia. Pelo fato de as pessoas se darem conta de que têm direitos iguais aos de outras, qualquer que seja sua renda, religião, nacionalidade, sexo, idade, escolaridade, enfim, elas são agora regidas pelo princípio da igualdade frente ao Estado, o qual assume seu papel de provedor das condições dignas de vida de uma população (sonho da Revolução Francesa, o qual logo se perdeu?). A educação social é a ação de educar pessoas marginalizadas da sociedade normalizada para que detenham o domínio dos saberes e habilidades necessários para que possam conviver nesta sociedade junto aos demais. Sua palavra-chave poderia ser "inclusão".

Mas o que significa incluir? O que é necessário para que uma pessoa seja incluída na sociedade? É possível uma pessoa ser incluída sem que seu imediato grupo social o seja? Incluir seria então "assimilar"?

Há vários questionamentos críticos neste sentido nos textos de pedagogia social e de educação social espanhóis. Insiste-se no caráter crítico que deve ter a educação social e, por conseguinte, o profissional educador social. Partindo-se do conhecimento de que a educação social parte das áreas de educação especializada, animação cultural e educação de adultos, os questionamentos quanto à criticidade da atuação educativa na sociedade se fazem presentes. No entanto, o que seriam as "carências educativas" – tanto no âmbito pessoal como no social – as quais a educação social deve se dedicar a suprimir? A teoria da carência cultural[4] ainda está em voga? O indivíduo é carente em si? Enfim, a solução para os problemas sociais está

---

4 A teoria da carência cultural surgiu nos Estados Unidos nos anos 1960. Ela compreendia o fracasso escolar – geralmente de crianças pobres – devido à "carência de cultura". Assim, ao invés de questionar a incapacidade da escola em incluir crianças vindas de um meio social distinto da classe média – portanto, ao invés de questionar a seletividade da escola –, a teoria explicava o "fracasso" destas crianças a partir de uma suposta "falta de cultura", numa visão elitista e preconceituosa. Esta teoria teve ampla aceitação no Brasil (como costuma ocorrer com os valores estadunidenses, amplamente aceitos – e buscados – neste país), ainda que atualmente haja uma forte crítica nos meios acadêmicos da área da educação sobre seu preconceito e sua estreiteza de visão do fenômeno educacional. Porém, a visão de que a cultura popular é inferior à erudita ainda se faz realidade no Brasil.

no individual ou no coletivo, está na "moral" ou no estrutural? Quem define o que são carências? Quem é definido a partir delas? É o "outro" que se define carente ou é o "mesmo" que assim o define?[5] E quais são as "carências" deste "mesmo"? O "outro" tem a legitimidade de estabelecê-las?

Daqui parte uma questão que me parece urgente de se enfrentar, qual seja, a dimensão "de ajuda" a que se pode incumbir o educador, ou o psicólogo, ou educador social, enfim, os profissionais "do social". Pode-se dizer que seja uma dimensão altruísta, vinda da lógica cristã da compaixão, como bem situa a filósofa argentina radicada no Brasil Sandra Caponi. A razão de ser dos profissionais é a de "ajudar"? Como vejo o outro a quem "ajudo"? Como incapaz? É possível ouvir a este outro a quem ajudo, ou eu me ocupo em falar por ele? Quem estabelece as necessidades educativas de uma pessoa que necessita ser ajudada? Ela mesma, o profissional, ambos?

Vivemos num mundo de linguagem, e nossas ações dependem do sentido que damos às palavras. Tudo é uma questão de defini-las. Incomoda-me muito, a partir da minha realidade brasileira, que, ao invés de os profissionais se preocuparem em desenvolver seu trabalho com competência (científica e política), eles se coloquem como benevolentes ajudantes de quem, por necessitar de ajuda, é calado na relação com os profissionais ou, se já calado, é deixado em silêncio. Em termos de saúde, quem estabelece as necessidades da população? Quem participa das ações necessárias para se recuperar e se promover a saúde? É de "ajuda" que a população necessita ou é do cumprimento de ações que levem ao já estabelecido direito universal às políticas públicas no Brasil, estas definidas no contexto da democratização do Estado pós-período ditatorial, portanto políticas asseguradoras de "direitos universais"?

---

5 Inspiro-me nesta reflexão sobre o "outro" e o "mesmo" da filósofa francesa Simone de Beauvoir, quando estabelece que o feminino é o "segundo sexo", o inessencial em relação ao essencial, o masculino. Assim, o homem é o "mesmo" e a mulher é o "outro". Mas não foi a mulher que, originalmente, se definiu como outro, ela assim foi definida pelo homem. Não é o "outro" que se define como tal, e sim o "mesmo" que define o "outro" como diferente de si. Neste processo, o "outro" vai internalizando sua "outreidade" (BEAUVOIR, 1980).

Retornando às questões críticas da pedagogia social, o que seria "correta socialização", correta "inserção social"? Em meio à inevitável diversidade que caracteriza o mundo cultural, as ações de controle e homogeneização social parecem dar as bases das profissões, devidamente assentadas nas "disciplinas", como apontava Michel Foucault, o que não passa despercebido pelos textos críticos de pedagogia social e de educação social. Mas qual a efetiva ação da educação social? Pode ela transcender ao controle da normalização disciplinar?

Da mesma forma, o que são "problemas de convivência"? A que se devem? Qual a ação nesta direção: de mudança de "comportamento", mudança moral individual, mudança estrutural da sociedade, mudança moral de uma coletividade? O que mudar, em que direção, e quem estabelece a necessidade de mudança?

Vivendo em 2016 pela terceira vez na Espanha, a última delas tendo sido há 16 anos, não pude deixar de me surpreender com a problemática do movimento imigratório advindo dos países em guerra do Oriente Próximo. Esse movimento potencializa o já existente movimento imigratório vindo de regiões pobres da África e da América Latina. Em minha cidade, Criciúma, pequeno município do estado de Santa Catarina, região sul do Brasil (as regiões sudeste e sul brasileiras são consideradas as mais desenvolvidas do país), na ocasião da Copa do Mundo do Brasil, em junho de 2014, entraram no país vários imigrantes da África, majoritariamente de Gana, mas também de Senegal e Uganda (estima-se que em torno de 1.600), assim como do Haiti, país ainda mais empobrecido após o terremoto de 2010. Estas pessoas entraram no Brasil em um momento de grande movimento turístico e permaneceram em busca de trabalho, situação esta que causou alertas sociais e discussões sobre a estrutura do Estado para acolhê-las, assim como as denúncias de exploração laboral destes trabalhadores. Também o preconceito foi vivido: pessoas pobres e negras costumam ser vistas como perigosas. Mas este foi um pequeno movimento imigratório. Do Brasil, eu acompanhava algumas notícias sobre as imigrações europeias, mas foi somente estando na Espanha que tive uma maior dimensão do drama humano – político e ético, verdadeiro holocausto do início do século XXI e do terceiro milênio – desta situação. Pessoas morrendo diariamente em busca de refúgio – fugidas da morte em seus países em guerra, crianças raptadas para tráfico de órgãos e prostituição – já são 10.000 crianças refugiadas desaparecidas –, uma União Europeia (EU) nada unida no enfrentamento desta situação, demonstrando mesmo uma "incivilidade" na medida em que não consegue dar uma solução digna a esta condição já no limite da "barbárie".[6]

O que isto tem a ver com a educação social? Seguramente não recai sobre ela a função de solucionar a situação dos refugiados, esta não é uma questão educativa, e sim política antes de mais nada, e seu enfrentamento está situado em Bruxelas, sede da União Europeia, passando pelos impérios estadunidense e russo, envolvidos em lados opostos na guerra do Oriente Médio, sinalizando que este conflito – assim como todas as situações cotidianas – tem dimensões geopolíticas. Mas são estes refugiados, em potencial, os sujeitos a quem a educação social deve se dirigir, uma vez fazerem parte da população marginalizada da sociedade normalizada. Fico imaginando qual o trabalho necessário (e desejável... para quem?) a ser realizado por um educador social com imigrantes, sejam refugiados de guerra ou apenas imigrantes, pois na maioria das vezes a emigração de países considerados pobres economicamente em direção a países considerados ricos[7] se

---

6 Na atualidade, há que se aludir ao "projeto civilizatório" europeu, o qual direcionou sua ação colonialista à América, Ásia e África entre os séculos XVI e XIX, reconhecendo como incivilizados todos os "não europeus" e assim legitimando sua dominação. Da mesma forma, há que se aludir à sobrevivência, neste projeto civilizador, da antiga ideia do Império Romano de "barbárie", sendo "bárbaros" todos os "não romanos". Em que pese a permanência da simbologia europeia da "civilidade", é notória a contradição da "incivilidade" e da "barbárie" que caracteriza a situação dos refugiados, situação em torno da qual a União Europeia não consegue se colocar em acordo para aludir a alguma solução.

7 Faz parte desta pesquisa o questionamento da lógica civilizatória e evolutiva do "desenvolvimento", compreendido como puramente econômica e tendo a Europa Ocidental e os Estados Unidos como modelos de países desenvolvidos. Esta reflexão será realizada, neste livro, no capítulo sobre a perspectiva decolonial. Por ora, basta apontar que qualquer padrão de país desenvolvido deve ser definido, e não aceito de forma acrítica, de vertente etnocêntrica, uma vez que se direciona a partir dos países "centrais" até os países "periféricos": Afinal, quem ocupa

justifica por uma iniquidade social, portanto são pessoas igualmente "à margem". Qual o trabalho de inserção neste contexto? O que vem a ser o trabalho educativo social? Qual a relação educativa entre os sujeitos implicados? É "ajuda"? É "direito"? É individual? É coletivo?

Quando se fala, nos textos de educação social, que se deve outorgar ao sujeito sua responsabilidade para que ele se faça disponível ao trabalho educativo que se fará sobre ele, esta responsabilidade me soa como uma cobrança moral, e concordo com o temor do Prof. Juan Sáez Carreras em suas aulas com os "autos": autonomia, autoestima, autossatisfação... Tudo individual, até mesmo, digo eu, a responsabilização moral em se "deixar educar". Mas qual o sentido de uma educação "sobre o outro"? Como educar um imigrante para se inserir na cultura local sem depreciar sua cultura original, já que ele vem de uma condição e de um lugar depreciados? Neste sentido, como educar para a inserção sem fazer "adaptação" ou "assimilação"? Então, seria uma educação "com o outro", e não "sobre" ele, como se aponta na literatura crítica de educação social.

Tendo a pedagogia social sua origem em um contexto cuja função era inserir pessoas na sociedade normalizada, teria ela, hoje, superado sua origem? Esta pergunta, lembro, não vem destituída de seu lugar: o olhar a partir da América Latina, onde surgiu a educação popular, cuja função sempre foi não a de inserir pessoas, mas a de conscientizar coletivos para a mudança de uma sociedade considerada injusta por aqueles que a queriam socialmente justa e democrática. Da mesma forma, o fato de a pedagogia social não estar desenvolvida na maioria dos países latino-americanos, como é apontado em alguns textos, seria um problema? Será que isto se deve, em parte, porque na América Latina temos a educação popular? Em que

---

o centro e quem ocupa a periferia? Quem os coloca nestes lugares? Quais os critérios desta localização? Esta é uma questão importante para o entendimento de saúde e de educação em saúde de um país, conceitos estes que podem ser entendidos a partir de "fora" (das margens) ou de "dentro" (do centro).

pontos a pedagogia social e a educação popular se acercam e se distanciam? Qual o diálogo possível entre ambas? Iniciemos, então, pelas reflexões a partir da pedagogia social e da educação social. Lembro que todo o texto está direcionado tendo como centro as reflexões aqui apresentadas, não sendo um texto exaustivo, e nem desinteressado, em relação a nenhum dos itens nos quais está dividido.

> Julgar-se-ia bem mais corretamente um homem por aquilo que ele sonha do que por aquilo que ele pensa.
>
> (*Os miseráveis*, 1862, Victor Hugo, francês)

PEDAGOGIA SOCIAL E EDUCAÇÃO SOCIAL NA ESPANHA

Iniciarei com a origem e os pressupostos da pedagogia social, o que implica também em situar a origem e os pressupostos da educação social. Em seguida, apresentarei reflexões críticas sobre a questão da normalização a partir da educação social.

Pedagogia social: base da educação social na Espanha

Uma vez que a ciência confere importância aos ritos iniciais e às autorias, ela costuma outorgar a alguém a "fundação" de uma ciência. A partir desta visão linear e ritualística, o "fundador", ou o "pai", da pedagogia social é comumente considerado Paul Natorp (Alemanha, 1854-1924), sendo o ano de 1913 o marco desta fundação, a partir da publicação de seu livro *Pedagogia social*. Para Natorp, segundo Petrus,[8] toda pedagogia é social, uma vez que o homem não é isolado, ele vive em comunidade. O homem particular é uma abstração, uma vez que a comunidade onde as pessoas se desenvolvem

---

8 Petrus (1997a).

está presente em cada uma delas, e é ela, a comunidade, o ideal de toda ação educativa.

Sáez Carreras[9] aponta que, para Natorp, o objeto da pedagogia social é a interação cultura-sociedade, sendo a pedagogia social um campo de conhecimento teórico com vocação reguladora da práxis, que atualmente é desenvolvida pelos profissionais da educação social.

Sáez Carreras situa o pensamento de Natorp a partir dos princípios idealistas da fenomenologia social e do interpretativismo simbólico. Assim, as imagens são compreendidas como estando na mente e algumas ganham forma a partir de consenso com outras imagens semelhantes de outras pessoas. Nesta visão, a educação seria um "processo de construção conjunta de significado para dar resposta a um problema".[10] A interação é fundamental nesta visão educativa, na qual a comunidade e as condições sociais têm espaço.

Nesta compreensão de educação está presente a situação de educador e educandos planejarem juntos, colaborativamente, pautados por uma ação comunicativa. É importante ressaltar a origem da pedagogia social – mesmo que hoje a visão idealista seja superada pela visão crítica advinda do materialismo histórico –, uma vez que ela possibilita também um outro entendimento, o de que possam ser realizadas ações "para as pessoas", ou "a partir das pessoas", e não "com elas".

Seguindo o caminho da compreensão do trabalho educativo, Quintana[11] apresenta três conceitos de educação social que, no seu entendimento, não expressam uma evolução, e sim modos distintos de entendê-la:

- Educação social como forma exclusiva de educação, que se reduz a socializar o indivíduo. O autor

---

9 Sáez Carreras (1997).
10 Id. ibid., p. 44. Tradução livre do original em espanhol: proceso de construcción conjunta de significado para dar respuesta a un problema.
11 Quintana (1997).

afirma que este enfoque não é mais atual, é apenas histórico;
- Educação social, junto a outros aspectos educativos, com o objetivo de socializar o indivíduo como meio de seu aperfeiçoamento integral (educação geral); este enfoque ainda é presente, todavia, não de forma expressa;
- Educação social como forma pedagógica de trabalho social, atendendo a problemas de marginalização ou de carências vitais ou sociais; este enfoque é o que estaria "na moda".

Estes três enfoques de educação social remetem a três enfoques de pedagogia social:

- Ponto de vista sociologista: a pedagogia social é toda a pedagogia;
- Ponto de vista da pedagogia tradicional: a pedagogia social é a parte da pedagogia que se ocupa da educação social (socialização geral) de indivíduos e grupos;
- Ponto de vista do trabalho social em sua vertente educativa (educação social): a pedagogia social é a teoria desse enfoque pedagógico do trabalho social.

Segundo o autor, desde o ponto de vista sociologista de educação, a educação é social, seu papel é o de adaptar o indivíduo ao seu grupo e prepará-lo para servi-lo, em um entendimento de que o homem é social e que educação é socialização. O autor situa Platão como a origem desta visão, Émile Durkheim (França, 1858-1917) e Paul Natorp como seus extremistas e John Dewey (Estados Unidos, 1859-1952) como moderado, a partir da teoria da formação humana para a sociedade democrática.

Quintana[12] situa a origem da visão sociologista da educação social no contexto alemão do começo do século XIX, após as investidas napoleônicas no país, a partir da compreensão de que a derrota alemã havia se dado devido ao individualismo de seu povo, o que originou a proposta do "espírito coletivo germânico". Este viés nacionalista e cívico acabou se somando ao nacional-socialismo, o qual direcionou ao contexto nazista que acabaria se desenvolvendo na Alemanha, em detrimento de compreensões democráticas como a de Dewey. A educação era aliada ao trabalho, como sua formadora. O comunitário foi utilizado como coerção às vontades individuais, mas de forma internalizada, fazendo com que o indivíduo sentisse como seus os valores estatais regidos pelo estatismo, pangermanismo e racismo.

O segundo enfoque, o da educação social como formação para a socialização, parte da pedagogia tradicional e tem como foco a educação da personalidade em seus aspectos sociais: para desenvolver a capacidade de adaptação à vida social, ela desenvolveria os valores sociais. Quintana[13] situa que a preocupação social da educação, fugindo do individualismo, é recente, um século e meio, com Johann Heinrich Pestalozzi (Suíça, 1746-1827). A partir daí se passou dos extremos do nacionalismo racista a uma preocupação educativa primordial.

Quintana[14] demonstra algumas compreensões a partir deste enfoque. Uma delas seria a pedagogia marxista, a qual se centra na educação social para preparar a revolução e também expressa amor ao trabalho, ânsia de contribuir para a prosperidade nacional, disposição a defender o país, promover o socialismo, pertencer a organizações infantis ou juvenis do partido.

A paideia grega também entende a educação como socialização, ao preparar os cidadãos para a vida pública. Quintana situa a educação libertadora neste enfoque, afirmando

---

12 Id. ibid.
13 Id. ibid.
14 Id. ibid.

que ela "é social em um sentido forte e político, propondo-se à justiça social ao suprimir a marginalidade de grandes coletivos humanos".[15]

Modernamente, o autor pontua alguns matizes deste enfoque: formação do espírito democrático, educação para a paz, educação ecológica, pluralismo de valores, interculturalismo, cultura popular, respeito às minorias, moral dialógica.

O autor conclui que este enfoque apresenta duas vertentes: "procurar a adaptação do indivíduo aos seus grupos de convivência e às exigências da vida social, e promover o bom funcionamento da sociedade (civismo, pacifismo, ecologia, justiça social)".[16]

O último enfoque, a educação social como forma educativa do trabalho social, é contemporâneo, mas suas bases vêm do trabalho de instituições para educação de crianças pobres, abandonadas ou inclinadas à delinquência, sendo o próprio Pestalozzi um de seus originadores.[17]

Buscando as bases da pedagogia social e da educação social na Alemanha, o autor afirma que nesse país a pedagogia social se vincula à sociedade industrial, pois trata de resolver os problemas que desestruturam a vida humana provenientes da industrialização: imigração, desenraizamento vital, despersonificação, desemprego, aglomerações urbanas, bairros marginais. Na Alemanha, a pedagogia social se desenvolveu a partir dos problemas dos pós-guerras. A partir da Primeira Guerra, a educação social focou sua ação nos jovens, e, a partir da Segunda, não somente neles, mas também nos adultos. É na República de Weimar (1919-1933) que haverá o nascimento e a consolidação da pedagogia social na Alemanha, ainda que houvesse trabalhos anteriores com a juventude.

---

15 Id. ibid., p. 76. Tradução livre do original em espanhol: es social en un sentido fuerte y político, proponiéndose la justicia social al suprimir la marginación de grandes colectivos humanos.

16 Id. ibid., p. 76. Tradução livre do original em espanhol: procurar la adaptación del individuo a sus grupos convivenciales y a las exigencias de la vida social, y promover el buen funcionamiento de la sociedad (civismo, pacifismo, ecologismo, justicia social).

17 Id. ibid.

No período de Weimar se desenvolveram as instituições para crianças e jovens, com a intenção de que o princípio educativo fosse mais importante que o legal e punitivo. Também houve educação de adultos: por exemplo, a Academia de Trabalho, fundada por Eugen Rosenstock-Huessy (Alemanha, 1888-1973) em Frankfurt, em 1921, onde se estabelecia o contato entre proletários e acadêmicos e se partia dos acontecimentos cotidianos para se formular problemas científicos. Outra ação foi a fundação de bibliotecas populares, com o fim de estimular a leitura entre as gentes do povo. Estas ações lembram a educação popular realizada no Brasil a partir de meados do século XX, a qual farei referência mais adiante.

Quintana[18] aponta que Natorp distinguiu pedagogia social e pedagogia individual em dois aspectos: o que educa é a comunidade, e não educadores específicos; a educação se faz a favor da coletividade, e não do indivíduo. Assim, a educação da juventude deveria se fazer na e pelas organizações juvenis.

Segundo Quintana,[19] deve-se considerar Herman Nohl (Alemanha, 1879-1960) o pai da pedagogia social na Alemanha. Discípulo de Wilhelm Dilthey (Alemanha, 1833-1911), Nohl considerava que a pedagogia social não era doutrina científica, e sim intervenção que a família e a escola não alcançam e que surge das tensões entre as situações de emergência social e as ações por remediá-las. O mais importante do trabalho social pedagógico estaria na relação educativa estabelecida entre educador e educandos, que é pessoal e não deve ser impedida pela burocracia das instituições pedagógicas, devendo se dar dentro das maiores comunidades educativas. O autor diz que as concepções de Nohl não coincidem com as de Natorp. Para aquele, a educação individual e a social são como dois polos antinômicos que se superam na tarefa comunitária da educação do povo, tendo fundado a universidade popular. Para Quintana, ele confundia pedagogia social com pedagogia popular.

---

18 Id. ibid.
19 Id. ibid.

Com o advento do nacional-socialismo na Alemanha, a pedagogia social teve um retrocesso, uma vez que era época da ideologia racista, o Estado era a direção e prescindia-se da iniciativa social. O entendimento era que os marginalizados eram inferiores, não havendo que se trabalhar com eles. Após a Segunda Guerra, a pedagogia social volta à Alemanha a partir da compreensão de que, além das necessidades físicas das pessoas, lhes faltava, especialmente aos jovens, orientação ética e espiritual. As pessoas não apenas se encontravam em situação de fome, falta de moradia e emprego, necessidade de mudança de seu lugar, elas também se encontravam em circunstâncias familiares lamentáveis, como a ausência do pai, a necessidade da mãe trabalhar, a separação do casal, enfim, a pouca vida em família.[20]

Sáez Carreras[21] também situa a origem da pedagogia social na Alemanha depois das guerras mundiais. Ele entende que depois da Primeira Guerra o enfoque se dava em torno da juventude; já depois da Segunda Guerra, houve o direcionamento "ao homem em situação de necessidade, com a finalidade de esclarecer as condições que determinam suas carências pessoais e sociais, e propor, em continuidade, as estratégias que permitam superar ou melhorar esta situação na comunidade onde vive".[22]

Quintana[23] aponta que após a Segunda Guerra se deu ênfase ao trabalho com a delinquência juvenil em instituições para crianças e jovens. Na antiga República Democrática Alemã, a chamada Alemanha Oriental, também havia instituições para terceira idade e educação de adultos. O autor diz que na então República Federativa Alemã, a chamada Alemanha Ocidental, houve críticas a estas instituições em seu

---

20 Id. ibid.
21 Sáez Carreras (1997).
22 Id. ibid., p. 47. Tradução livre do original em espanhol: al hombre en situación de necesidad, con el fin de clarificar las condiciones que determinan sus carencias personales y sociales, y proponer a continuación las estrategias que permitan superar o mejorar dicha situación en la comunidad donde vive.
23 Quintana (1997).

sentido de adaptação social e à falta de um distanciamento crítico da "força de dominação" inerente à sociedade burguesa. A Escola de Frankfurt e sua Teoria Crítica condenavam a intenção "integradora" do trabalho com jovens. "Como fruto de sua elaboração, fica a ideia de que a pedagogia social requer uma perspectiva tanto pedagógica como política, no sentido de possibilitar aos sujeitos um distanciamento crítico das falhas que tenha a sociedade".[24]

Na Espanha, Quintana afirma que a atenção à infância e à juventude consideradas de risco já existe desde o século XV. Modernamente, as ONGs colaboraram em seu desenvolvimento, a partir de propostas inovadoras de trabalho social. Para o autor, definitivamente a educação social se estabeleceu na Espanha a partir do livro *Pedagogia social*, de Quintana, em 1984; das Primeiras Jornadas Nacionais de Pedagogia Social, em 1985; do lançamento da *Revista de Pedagogia Social*, em 1986; da criação do curso universitário de Educação Social, em 1991; e da publicação do livro *Pedagogia social*, de P. Fermoso, em 1994.

Petrus,[25] situando a pedagogia social na Espanha, avalia que depois da Guerra Civil Espanhola[26] a pedagogia social segue em consonância com o pensamento político e ideológico imperante, sendo a educação social concebida a partir de uma ótica mais idealista, essencialista e teórica que crítica, real e prática. O autor reconhece a importância destas aportações

---

24 Id. ibid., p. 81. Tradução livre do original em espanhol: como fruto de su elaboración nos queda la idea de que la pedagogía social requiere una perspectiva tanto pedagógica como política, en el sentido de posibilitar en los sujetos un distanciamento crítico de los fallos que tenga la sociedad.

25 Petrus (1997b).

26 "A chamada Guerra Civil Espanhola foi um conflito bélico deflagrado após um fracassado golpe de estado de um setor do exército contra o governo da Segunda República Espanhola. A Guerra Civil teve início após um pronunciamento militar entre 17 e 18 de julho de 1936, e terminou em 1º de abril de 1939, com a vitória dos militares e a instauração de um regime de caráter fascista, liderado pelo General Francisco Franco" (disponível em: https://pt.wikipedia.org/wiki/Guerra_Civil_Espanhola. Acesso em: 29 abr. 2016). A ditadura franquista durou até 1975, com a morte de Franco, abrindo passagem para a restauração da monarquia na Espanha com o rei D. Juan Carlos I. Note-se que, considerando-se o início da Guerra Civil, a Espanha viveu sob ares ditatoriais por praticamente 40 anos. Esta herança não se apaga facilmente da vida social, da vida política, das políticas públicas, das instituições, das ciências e das subjetividades.

ao processo da "nova pedagogia social"; entretanto, as mudanças na cultura e na sociedade do bem-estar também trouxeram mudanças no âmbito da educação escolar e da educação social. A partir dos anos 1970, a pedagogia social assume seu novo rumo: renuncia aos constructos mais tradicionais e se coloca a tarefa de elaborar um novo e mais crítico discurso pedagógico. Segundo o autor, ela quer dar respostas aos problemas derivados das demandas sociais, de acordo com as políticas progressistas de um projeto de Europa comunitária.

Sáez Carreras[27] situa a importância da compreensão de pedagogia social de Quintana, segundo a qual pedagogia social é a educação realizada fora da família e da escola, sendo social e estatal, configurando um trabalho social. A pedagogia social trata de uma correta socialização dos indivíduos e da intervenção pedagógica mediante as necessidades humanas em meio aos conflitos sociais. A partir daí, a concepção que se consolidou na Espanha, segundo Sáez Carreras, é da pedagogia social como ciência da educação social dos indivíduos e grupos e como ajuda às necessidades humanas que convoca o trabalho social, sendo esta ajuda a partir de uma vertente educativa. Esta visão coincide com a de Petrus,[28] para quem a educação social tem diversos conceitos, dependendo de sua filosofia, ideologia e antropologia. Na Espanha, é ligada a uma função de ajuda educativa a pessoas ou a grupos que configuram os menos favorecidos da realidade social.

Sáez Carreras[29] nomina os atuais atores da pedagogia social: os teóricos de pedagogia social (construtores deste conhecimento científico); os professores de pedagogia social (os que ensinam essa ciência); e os educadores sociais (profissionais que atuam com base nesse tipo de conhecimento social). Partindo do entendimento de que uma disciplina é o ensino de uma ciência, de que a pesquisa produz conhecimento científico, que o conhecimento se organiza em disciplinas e que as

---

27 Sáez Carreras (1997).
28 Petrus (1997b).
29 Sáez Carreras (1997).

disciplinas são conhecidas como saberes no ensino, o autor entende a pedagogia social como a disciplina que explicita o ensino de um tipo de conhecimento. E pelo fato de o conhecimento estar social e pessoalmente configurado, não existem disciplinas estáticas, estando elas em constante transformação. A pedagogia social, então, seria uma disciplina com vocação prática que objetiva melhorar esta prática. A via prática está associada a métodos etnográficos de pesquisa, e é, na visão de Sáez, a grande esquecida do ponto de vista epistemológico. Para construir a pedagogia social científica não se pode ignorar o que se faz na prática. Não se pode embasar apenas no que o autor chama de especulações ou abstrações conceituais distantes da prática. Ele faz a crítica ao modelo positivista de ciência, o qual separa teoria e prática e estabelece uma divisão entre pesquisadores e profissionais "práticos", acusando a divisão entre os pontos de vista "teoricista" e "praticista", o que leva à separação entre "o que se diz, e se dizia, do que se faz, e se fazia".[30]

Sáez Carreras[31] estabelece três orientações paradigmáticas em pedagogia social:

- Positiva ou tecnológica – o chamado "modelo científico";
- Interpretativa ou interativa;
- Crítica ou emancipadora.

Nitidamente fazendo a crítica ao modelo positivista e direcionando-se aos modelos interpretativo e crítico, o autor oferece sua definição de pedagogia social:

> Entendo por PS o campo de conhecimento teórico e prática educativa que tem por objetivo a melhoria de deter-

---

30 Id. ibid., p. 48. Tradução livre do original em espanhol: lo que se dice, y se decía, de lo que se hace, y se hacía.
31 Id. ibid.

> minadas pessoas e grupo que vivem em situações específicas caracterizadas como de extraescolaridade, marginalidade... *E demandando ajuda e assessoria nos processos de prevenção, promoção ou reinserção que seus protagonistas, em cada caso, necessitem.* Como ciência e disciplina, a PS é o campo de conhecimento que, organizado como ciência em uma disciplina – que dará conta dela através do ensino –, tem como objetivo a formação e a preparação dos profissionais da educação social, com a intenção de que tais conhecimentos remetam à prática e contribuam para melhorá-la.[32]

Note-se que o autor faz referência à ajuda e ao assessoramento profissional demandados por seus protagonistas (no caso, os próprios sujeitos), vistos, então, como sujeitos, sendo assim as práticas profissionais realizadas "com" eles.

Também Petrus,[33] situando várias formas de compreensão da Educação Social, faz crítica ao paradigma tecnológico da educação, orientador da "Educação Social como didática do social". Ao conceber os problemas sociais apenas como demandadores por "soluções", e não se questionando sobre os problemas que estas "soluções" podem causar, assim como os princípios

---

32 Id. ibid., p. 60, grifos meus. Tradução livre do original em espanhol: Entiendo por P.S. el campo de conocimiento teórico y práctica educativa que tiene por objetivo la mejora de determinadas personas y grupos viviendo en situaciones específicas caracterizadas estas como de extraescolaridad, marginación... y demandando ayuda y asesoramiento en los procesos de prevención, promoción o reinserción que sus protagonistas, en cada caso, reclamen. Como ciencia y disciplina la P.S. es el campo de conocimiento que organizado como ciencia en una disciplina – que dará cuenta de ella a través de la enseñanza – tiene como objetivo la formación y preparación de los profesionales de la educación social con la intención de que tales conocimientos remitan a la práctica y contribuyan a mejorarla.

33 Petrus (1997b).

éticos que as fundamentam, o autor afirma que o paradigma tecnológico é contrário aos princípios da educação social. Retomando, a pedagogia social é uma ciência, configurada em disciplina, que é base do conhecimento da profissão de educação social. Bas Peña, Campillo Díaz e Sáez Carreras[34] dizem que a pedagogia social é a matriz disciplinar, o campo de conhecimento que tem como objeto de estudo uma prática educativa, a educação social, prática esta vinculada à profissão de mesmo nome. Assim, o objeto formal da pedagogia social é a educação social e o objeto material é a ação própria dos educadores sociais. A partir deste entendimento, o objeto formal é uma abstração e o objeto material é uma prática educativa, e os autores alertam para o cuidado de não se ficar no abstrato para desenvolver a pedagogia social, e sim desenvolvê-la problematizando o "material", que é povoado pelos profissionais educadores sociais.

> Em resumo, a educação social é uma prática educativa construída e materializada pelos educadores sociais em organizações e instituições (não prescritas formal e regularmente), onde se demanda sua ação profissional. Disto precisa dar conta o campo de conhecimento que chamamos *Pedagogia Social*.[35]

Os autores criticam o fato de que a maioria das concepções e discursos da Pedagogia Social tem sido construída à margem da profissão e de seus profissionais, já formados ou em formação. Elas estariam centradas em concepções universalizantes e essencialistas, à mercê de oportunismos, ideologi-

---

34 Bas Peña, Campillo Díaz e Sáez Carreras (2010).
35 Id. ibid., p. 143-144, grifo do original. Tradução livre do original em espanhol: en suma, la educación social es una práctica educativa construida y materializada por los educadores sociales en organizaciones e instituciones (no prescriptas formal y regladamente) donde se demanda su acción profesional. De ello tiene que dar cuenta el campo de conocimiento que llamamos *Pedagogía Social*.

zações, pressões e manipulações. Daí a importância de refletir o campo teórico a partir da ação concreta dos que fazem a ação própria dos estudos da pedagogia social, o que os autores denominam de "necessidade de um giro copernicano na Pedagogia Social",[36] para que haja correspondência entre o que se diz e o que se faz.

A partir do entendimento de que a pedagogia social é a base teórica da prática educativa social, que é o seu "concreto" – e junto desta prática educativa está a educação em saúde –, passo a tecer algumas considerações sobre a educação social.

Educação social: reflexões acerca da normalização

Passarei a focar as questões críticas acerca da normalização a partir do campo da educação social, justamente por esta normalização estar na origem da pedagogia social. Importa para mim buscar um caminho crítico da educação social, o que também corresponde a um caminho crítico da pedagogia social, para, depois, colocá-las em diálogo com a educação popular.

É importante termos um entendimento comum do que se está chamando de educação social. Na Espanha, como vimos, ela se vincula a uma prática educativa, a uma titulação universitária e a uma profissão.

> Entendida como profissão, a Educação Social é uma construção histórica, uma ocupação não manual, fruto de três marcos pré-profissionais (Educação Especializada, Animação Sociocultural e Educação de Adultos), que vai criando sua emergente perspectiva em um processo de profissionalização impulsionado pelos grupos profissionais

---

36 Id. ibid., p. 37.

(Associações, Federações, Escolas profissionais... de educadores sociais) e no qual também intervêm outros atores, os quais contribuem para tal processo, como: a) a Universidade, que fornece pesquisa, formação e credenciamento; b) o Estado, que fornece a tal processo políticas sociais e serviços sociais; c) o Mercado, que fornece emprego...[37]

Não entrarei na discussão desenvolvida pelos autores acerca da profissão e da profissionalização da educação social. Para o objetivo de meu texto importa, uma vez situada a discussão dos autores que me acompanham, tecer considerações acerca da educação social como prática educativa. O que me interessa é focar em como se compreende esta prática educativa a partir da profissão de educação social.

Para tanto, os autores supracitados entendem que a educação social como profissão social remete a um direito democrático de cidadania e a aspirações de justiça social, uma vez ter se desenvolvido no âmbito do estado de bem-estar para integrar pessoas excluídas da sociedade normalizada. E como profissão educativa, a educação social se sustenta em ações mediadoras e de transmissão cultural que implicam em critérios políticos e éticos.

As ações de educação social devem possibilitar:

- a incorporação dos sujeitos da educação na diversidade das redes sociais, tanto no que concerne ao

---

37 Id. ibid., p. 24. Tradução livre do original em espanhol: entendida como profesión, la Educación Social es una construcción histórica, una ocupación no manual, fruto de tres hitos preprofesionales (Educación Especializada, Animación Sociocultural y Educación de Adultos), que va creando su emergente perspectiva en un proceso de profesionalización impulsado por los grupos profesionales (Asociaciones, Federaciones, Colegios profesionales...de educadores sociales) y en el que también intervienen otros actores contribuyendo a tal proceso como: a) la Universidad que aporta investigación, formación y acreditación; b) el Estado aporta a dicho proceso políticas sociales y servicios sociales; c) el Mercado empleo...

desenvolvimento da sociabilidade como às possibilidades de circulação social;
- a promoção cultural e social, entendida como abertura a novas possibilidades de aquisição de bens culturais que ampliem as perspectivas educativas, laborais, de lazer e participação social.[38]

Para Nuñez e Planas, a educação social é "um suporte para o acesso, circulação e/ou manutenção nos circuitos sociais amplos, normalizados".[39] As autoras entendem a educação social como um direito do cidadão, não como uma dádiva institucional. É um trabalho individualizado que trata de incorporar um sujeito à rede normalizada. Para tanto, promove sua sociabilidade e culturalização partindo das peculiaridades de um sujeito, ainda que possa utilizar técnicas grupais e de desenvolvimento comunitário.

Voltando à minha trajetória de compreensão da pedagogia social e da educação social tendo como foco situar a educação em saúde na Espanha, primeiramente estas reflexões me levaram a questionar se o vetor direcionado para a justiça social e para a democracia pode ser construído a partir das concepções da pedagogia social e das práticas da educação social. Uma vez que o objetivo seja normalizar os indivíduos para que possam ser inseridos na sociedade que ora lhes rejeita, a ação seria direcionada a modificar o comportamento destes indivíduos, e não a própria sociedade que lhes rejeita e que, portanto, não é justa e nem democrática. Neste sentido, é de dentro da pedagogia social e da educação social que partem os questionamentos, como estamos vendo. Vamos ver mais alguns deles, a partir de cada uma das áreas

---

38 ASEDES (2003 *apud* BAS PEÑA; CAMPILLO; SÁEZ CARRERAS, 2010, p. 33). Tradução livre do original em espanhol: la incorporación de los sujetos de la educación a la diversidad de las redes sociales, tanto en lo concerniente al desarrollo de la sociabilidad como a las posibilidades de circulación social;la promoción cultural y social, entendida como apertura a nuevas posibilidades de adquisición de bienes culturales que amplíen las perspectivas educativas, laborales, de ocio y participación social.

39 Nuñez e Planas (1997, p. 104). Tradução livre do original em espanhol: un suporte para el acceso, circulación y/o mantenimiento en los circuitos sociales amplios, normalizados.

da educação social na Espanha: educação especializada, animação sociocultural e educação de adultos.

Nuñez e Planas,[40] falando sobre a educação especializada, aquela cujo objeto são crianças e adolescentes institucionalizados, ou seja, "marginalizados", esclarecem que há duas figuras nesta relação educativa, o agente e o sujeito da educação. O "agente da educação" transmite conteúdos do patrimônio cultural amplo julgados necessários para um "sujeito da educação", quem realiza o trabalho de aquisição (apropriação, transformação) destes conteúdos e quem define o sentido do ato educativo. E se perguntam: como estabelecer tais conteúdos? E me reporto à questão: será este um sentido liberal, uma vez que centraliza no indivíduo o ato educativo?

E por sujeito da educação as autoras entendem "aquele sujeito humano disposto a adquirir os conteúdos culturais que o social lhe exige, em um momento dado, para integrar-se (acessar, permanecer, circular) à vida social considerada 'normalizada'".[41] Assim, deve-se ir da necessidade educativa estabelecida pelo agente à demanda educativa do sujeito. Este deve querer educar-se, perseguir aquilo que lhe aparece como "falta". Esta aceitação é subjetiva e implica na aquisição dos conteúdos da cultura. Nesta perspectiva, o sujeito da educação deve ser considerado como responsável pelos efeitos sociais de suas decisões particulares – o agente deve outorgar ao sujeito sua responsabilidade para que ele se faça disponível para o trabalho educativo. A "motivação" do sujeito tem relação com as atividades planejadas e com seu lugar no processo educativo. Seu interesse deve ser o que articula a ação educativa. Mas, ainda que este entendimento prime pela autonomia do sujeito da educação, não pode também encerrar um juízo moral em avaliar se ele tem ou não o desejo de educar-se?

As autoras dizem que não se devem mudar os interesses do sujeito, e sim colocá-los de forma que possam ser reali-

---

40 Id. ibid.
41 Id. ibid., p. 109. Tradução livre do original em espanhol: a aquel sujeto humano dispuesto a adquirir los contenidos culturales que lo social le exige, en un momento dado, para integrase (acceder, permanecer, circular) a la vida social considerada normalizada.

zados de modo socialmente aceitável, e esse seria o papel do agente da educação como autoridade técnica. Ainda, levantam um tema fundamental na educação social, considerando que as culturas são diversas: como trabalhar para que os sujeitos tanto se integrem na cultura de sua época como sejam tolerantes com as diferenças, sem desprezarem aquilo que não entendem. E eu pergunto: como conseguir a incorporação na rede social normalizada sem depreciar sua cultura original?

Trilla,[42] falando sobre a animação sociocultural, afirma que ela se faz em territórios muito concretos, não gerais, com o propósito de vertebrá-los e favorecer as relações comunitárias. Ela parte do conceito amplo de cultura elaborado pela antropologia cultural. Assim, relaciona-se com a "cultura popular" e se opõe à chamada "cultura oficial ou dominante" e à "cultura de massas".

O autor se afasta do conceito de "democratização da cultura" por entender que ele promove o consumo cultural, mas a definição e criação de cultura seguem sendo elitista, e parte de um conceito patrimonialista de cultura. Trilla se acerca do conceito de "democracia cultural", o qual entende que cultura não é patrimonial, é movimento, e a população participa de sua definição e criação. Para ele,[43] animação sociocultural é um instrumento da democracia cultural para catalizar a potencialidade das comunidades para gerar cultura, e não para difundir uma cultura aos excluídos dela, não para "elevar o nível cultural das massas". Ela estaria dentro do "desenvolvimento comunitário" – socioeconômico, socioeducativo, sociocultural.

Assim, a animação sociocultural é

> o conjunto de ações realizadas por indivíduos, grupos ou instituições sobre uma comunidade (ou um setor da mesma) e no marco de um território

---

42 Trilla (1997).
43 Id. ibid.

concreto, com o principal propósito de promover em seus membros uma atitude de participação ativa no processo de seu próprio desenvolvimento, tanto social como cultural.[44]

É uma ação, não intervenção: não é apenas uma intervenção de fora, é também das pessoas de dentro; não é somente facilitar a participação, e sim promover uma atitude participativa. Ela tem a dimensão educativa na qual as pessoas não são meros usuários ou clientes das ofertas de atividades, mas devem se converter nos sujeitos ativos da comunidade e nos agentes dos processos de desenvolvimento, em uma visão dialética indivíduo-comunidade, entendendo que ambos são destinatários inseparáveis da ação sociocultural. O objetivo é fomentar uma atitude de envolvimento nos processos sociais e culturais que afetam as pessoas, com o correlativo sentimento de responsabilização. O autor aponta que a utopia da animação sociocultural chega a ser desnecessária, uma vez que o melhor animado social seria aquele que conduzisse a comunidade a prescindir de seus serviços. Esta é uma visão de autonomia para com os sujeitos da educação, os quais são vistos, necessariamente, por dentro de sua comunidade.

López e Flecha,[45] falando da educação de pessoas adultas, a situa na "educación permanente", compreendida conforme a Conferência Geral de Nairóbi da UNESCO, em 1976, como educação para todos e por toda a vida. O homem é compreendido como agente de sua própria educação pela interação de suas ações e suas reflexões. Os autores fazem uma crítica à visão da adultez centrada nos déficits e na deteriorização do indivíduo, o que promove a "profecia autorrealizadora",

---

44 Id. ibid., p. 140. Tradução livre do original em espanhol: el conjunto de acciones realizadas por individuos, grupos o instituciones sobre una comunidad (o un sector de la misma) y en el marco de un territorio concreto, con el propósito principal de promover en sus miembros una actitud de participación activa en el proceso de su propio desarrollo tanto social como cultural.
45 López e Flecha (1997).

no sentido de o adulto acreditar nestas limitações, entre elas a de que tem mais dificuldade de aprender do que uma criança ou um jovem.

Um dos autores citados por López e Flecha é Francisco Gutiérrez Pérez, um espanhol que desenvolveu seus trabalhos em países da América Latina buscando a valorização de aspectos da cultura latino-americana desvalorizados pela unidimensionalidade do homem ocidental, centrada na racionalidade, inclusive na educação. Assim, seus trabalhos vão na direção de

> que o homem e a mulher sejam mais naturais, mais relacionais, mais vivenciais, mais com um pensamento não desapegado do sentimento e imaginação, homens e mulheres não condicionados pelas normas racionais para perceber, agir, desfrutar e criar: homens menos obcecados pela verdade e mais esponjosos ante o mistério da vida e a felicidade de viver.[46]

Os autores buscam em Paulo Freire o sentido das "utopias possíveis" e entendem que "não há que obrigar nem motivar as pessoas adultas: elas é que se motivam".[47]

Limón[48] faz a mesma crítica em relação ao modelo de velhice da medicina tradicional, a qual a vincula aos déficits. A autora defende que envelhecer é necessário, o que não é

---

46 Gutiérrez Pérez (*apud* LÓPEZ; FLECHA, 1997, p. 172). Tradução livre do original em espanhol: que el hombre y la mujer sean más naturales, más relacionales, más vivenciales, más con un pensamiento no desligado del sentimiento y imaginación, hombres y mujeres no condicionados por las normas racionales para percibir, actuar, gozar y crear: hombres menos obsesionados por la verdad y más esponjosos ante el misterio de la vida y la felicidad de vivir. Os autores não deixam claro em qual obra está a citação de Gutiérrez Pérez, mas em suas referências há uma de 1989 e outra de 1991. Há também uma obra de Gutiérrez Pérez em parceria com Prieto, de 1992. Para mais informações, vide referências no final deste livro.

47 López e Flecha (1997, p. 176). Tradução livre do original em espanhol: no hay que obligar ni motivar a las personas adultas: te motivan ellas a ti.

48 Limón (1997).

necessário é que isto ocorra sempre da mesma maneira, pois esta é opcional.

Baseando-se em Pinillos,[49] Limón entende que a vida humana não é somente biológica, e sim biográfica e histórica, e estes são planos diferentes. Por toda a vida há desafios e caminhos abertos, mas algumas pessoas fecham estes caminhos. A autora aponta que envelhecer pode ser renascer. A vida biográfica pode crescer, uma vez que o ativo da terceira idade é qualitativo, e não quantitativo; assim, o erro fundamental é reduzir a vida a parâmetros quantitativos. E porque o processo de envelhecimento não é só biológico, as barreiras à funcionalidade dos anciãos são, com frequência, frutos das deformações e mitos sobre a velhice, mais do que reflexos de deficiências reais.

A autora se baseia em H. Beck,[50] o qual "concebe o processo de maturação humana como um progressivo 'sair' de uma unidade-segurança conseguida (in-sistência) a uma abertura-aventura exterior (ex-sistência) para recuperar cada vez uma mais profunda unidade e enriquecimento pessoal".[51] Assim, o envelhecimento é um processo contínuo, e não de ruptura ou de progressiva debilidade. Não é uma doença e nem um erro evolutivo. Em termos de educação em saúde, há que se alargar o conceito de saúde para além do biológico.

Ficam claros os aportes críticos que se formam a partir do interior da pedagogia social e da educação social acerca de seu objeto de estudo e de intervenção. Continuemos em sua busca, agora a partir de uma discussão mais estrutural.

Petrus[52] avalia alguns determinantes para a expansão da educação social na Espanha: a volta da democracia e as novas formas do estado de bem-estar social, o crescimento de

---

49 A obra de Pinillos consultada pela autora é de 1994. Para mais informações, vide referência no final deste livro.

50 A obra de Beck consultada pela autora é de 1994. Para mais informações, vide referência no final deste livro.

51 Limón (1997, p. 296). Tradução livre do original em espanhol: concibe el proceso de maduración humana como un progresivo "salir" de una unidad-seguridad lograda (in-sistencia) a una apertura-aventura exterior (ex-sistencia) para recuperar cada vez una más profunda unidad y enriquecimiento personal.

52 Petrus (1997b).

setores das chamadas populações marginais e o que o autor considera o principal: a consciência da responsabilidade frente aos novos problemas advindos da convivência.

Para o autor, também a crise dos sistemas escolares contribuiu para a retomada da educação social, que é hoje um direito constitucional que ultrapassa a esfera da pedagogia escolar. Isto porque se ampliou o conceito de educação – entendendo-a como um processo de melhoria da pessoa – para além do tempo e do lugar da escola.

Vale nos determos mais sobre esta crítica à escola, já que ela é um ponto de separação da pedagogia social da pedagogia. Para o autor, a educação social surge por causa das mudanças na sociedade e porque a escola se protege dos problemas sociais por detrás da "neutralidade" científica.

> E se educar é socializar, se educar é preparar para a vida, se educar é dar a conhecer a realidade, como podemos fazê-lo se em nossas escolas ignoramos os conflitos derivados da convivência social e dedicamos todos os esforços à aquisição dos conteúdos instrutivos?[53]

E então o autor defende que a partir dos conteúdos transversais na escola se podem introduzir os princípios da Educação Social, invalidando a separação entre educação escolar e educação social e a escola assumindo sua responsabilidade frente à educação social dos escolares.

O autor situa a necessidade de desenvolvimento da educação social no contexto do estado de bem-estar social e, antes dele, no contexto do pós-guerra, na Declaração dos Direitos Humanos (1948), na demanda social pela democracia. Ele avalia que os Direitos Humanos têm sido o regulador

---

53 Petrus (1997b, p. 33-34). Tradução livre do original em espanhol: Y si educar es socializar, si educar es preparar para la vida, si educar es dar a conocer la realidad, ¿cómo podemos hacerlo si en nuestras escuelas ignoramos los conflictos derivados de la convivencia social y dedicamos todos los esfuerzos pedagógicos a la adquisición de los contenidos instructivos?

das políticas públicas e das relações internacionais. Somente quando o cumprimento dos Direitos Humanos for assegurado, quando houver respeito a seu implícito código ético, é que se poderá afirmar que as políticas sociais são legalmente legítimas e que se poderá planejar uma eficaz educação social. Outra consequência da Declaração dos Direitos Humanos assinalada pelo autor foi o estabelecimento do conceito de igualdade entre os cidadãos, segundo o qual o estado de bem-estar atua com suas políticas socioeducativas (igualdade de oportunidades). Todo esse conjunto produziu demanda, por parte da população, do cumprimento destes Direitos Humanos e desta igualdade, compreensão também presente em Bas Peña, Campillo Díaz e Sáez Carreras e em Sáez Carreras.[54]

Na Espanha, a Constituição favorece a educação social, mesmo que esteja apoiada em seu enfoque mais tradicional, segundo o qual ela tem "função intervencionista sobre a realidade social descompensada ou desajustada, entendendo-se, por vezes, como uma segunda oportunidade para os setores menos privilegiados da sociedade".[55] O autor analisa que há o risco de essa visão de educação ser entendida como fator de ajuste social. Assim mesmo, os determinantes da desigualdade devem ter um tratamento para além do escolar, e a educação social é hoje decisiva para que os Direitos Humanos e a igualdade de oportunidades deixem de ser apenas teóricos.

Assim, a origem do estado de bem-estar se situa no contexto da industrialização pós-Segunda Guerra e no contexto social de democratização, secularização, surgimento de movimentos sociais no âmbito do capitalismo industrial, construção dos estados nacionais. Para o autor, essa reconstrução política e econômica possibilitou duas circunstâncias vitais para a paulatina aparição da educação social: a consolidação

---

54 Bas Peña, Campillo Díaz e Sáez Carreras (2010), Sáez Carreras (2013b).
55 Petrus (1997b, p. 15). Tradução livre do original em espanhol: función intervencionista sobre la realidad social descompensada o desajustada, entendiéndose en ocasiones como una segunda oportunidad para los sectores menos privilegiados de la sociedad.

das formas democráticas e a conscientização dos direitos sociais inerentes a um estado de bem-estar social.

Para o autor, a população já não abre mão do bem-estar. A educação social, ao lado da proteção social, é fator na atual luta pela coesão social europeia. Mas os problemas sociais dificultam o bem-estar e a educação social: aumento do desemprego, imigração, envelhecimento da população, mudanças nas estruturas familiares, crescente pobreza, exclusão social, massiva demanda de serviços sociais. Neste ponto, todavia, parece haver uma contradição no texto, pois não será precisamente nestes contextos e com estas populações que a educação social atua? Como, então, podem ser consideradas dificuldades?

Petrus[56] critica o fato de o estado de bem-estar priorizar as finalidades econômicas sobre os princípios de ética social e se pergunta sobre qual é o papel que a educação social deve desempenhar frente ao risco da aparição de novas formas de exclusão social neste contexto. O autor aponta que, com frequência, a violência social é fruto de uma parcela da população que se vê excluída de integrar a cultura do bem-estar a que tem direito. A escola foge dos conflitos sociais e assume para si somente a instrução científica. Há a necessidade de olhar os problemas sociais de forma ampla, e isso requer, em nível de bem-estar europeu, a convergência das políticas sociais. A educação social necessita atuar na diversidade destas políticas no continente europeu, e seus cidadãos compreenderam que a generalização do bem-estar é seu direito.

Este mesmo autor[57] analisa a que se devem os problemas de convivência social que trazem consequência para a atuação da educação social, resumidos abaixo:

- O império do econômico nas políticas de bem-estar, o que limita as políticas sociais;

---

56 Petrus (1997b).
57 Id. ibid.

- Frente às grandes estratégias econômicas europeias, a redução ou perda de importância e autonomia das políticas nacionais;
- A "lógica do intercâmbio" está por cima da "lógica ética" ou da "lógica legal". Tudo é intercambiável, inclusive a educação social;
- Os movimentos migratórios gerados pela revolução tecnológica informacional, com novas formas de desigualdade social;[58]
- O fracionamento do "Terceiro Mundo", do binômio "Norte-Sul" e de distintas educações sociais;
- O fracionamento do "sul", ao contrário do mapeamento social unitário e global da cultura de bem-estar;
- A aparição de movimentos coletivos políticos com tendências violentas;
- A explosão demográfica desigual e a concentração urbana;
- A aparição de economias periféricas ou "marginais" baseadas no narcotráfico, ilegalidades/criminalidade;
- O aumento da "população dependente", que não trabalha em consequência de problemas culturais ou laborais.

Na avaliação de Petrus, todos esses fatores são frutos da globalização da economia, o que gerou um "novo poder", o dos serviços, o qual se rege pelas políticas sociais em que atua a educação social. Este "novo poder" se situa na "lógica do intercâmbio", de razão econômica, cujos valores são eficiência econômica, competitividade, inversão em capital humano, crescimento e outros termos tirados do mundo empresarial e financeiro, como podemos ver.

---

58 Note-se que o texto de Petrus é datado de 1997, antes do atual movimento migratório europeu advindo das guerras no Oriente Próximo.

Bas Peña, Campillo Díaz e Sáez Carreras[59] alertam para as mudanças no próprio estado de bem-estar, o qual, na Espanha, foi se constituindo como assistencial, no sentido de que não busca reformar a sociedade para a melhoria da qualidade de vida de toda a população, mas sim acertar algumas situações em função de interesses de uma minoria que se beneficia com esse sistema.

Tanto nesta obra supracitada como em Sáez Carreras[60] se encontra uma análise sobre a mudança de vetor do estado de bem-estar espanhol para o triunfo do neoliberalismo e suas consequências para as políticas públicas e, a partir destas, para o trabalho do educador social. Neste contexto, o Estado diminui suas políticas de proteção, valores como competitividade, eficiência, otimização, vindos do mundo empresarial, ganham a ordem do dia, estando presentes na vida cotidiana, seja no mercado de trabalho, na formação escolar, na formação profissional, nas políticas públicas, conformando ações e subjetividades. A educação social, que se consolidou como direito de cidadania no contexto do bem-estar, necessita como nunca reafirmar seu caráter crítico para que não reproduza uma sociedade que busca transformar: buscando construir uma sociedade democrática e justa, precisa ficar alerta para não reproduzir uma sociedade liberal, pautada pelos interesses do capital financeiro, os quais geram exclusão, com base em ações profissionais assistencialistas, mais próximas da caridade do que da justiça social. Sáez Carreras e García Molina[61] advertem sobre o caráter contraditório do trabalho do educador social, uma vez que este trabalha dentro de um sistema que exclui, estando, portanto, também inserido no mesmo sistema.

Da matriz assistencialista deriva o entendimento de que o domínio público se destina às pessoas que não podem alcançar o privado. Daí se pode compreender a defesa de Sáez Carreras

---

59 Bas Peña, Campillo Díaz e Sáez Carreras (2010).
60 Sáez Carreras (2013b).
61 Sáez Carreras e García Molina (2013).

e de García Molina[62] de que a educação social é um direito de todos, e não apenas dos que se encontram em situação de exclusão. Conforme Sáez Carreras,[63] o estado liberal pode tolerar a pobreza, mas não a pobreza extrema, pois esta geraria convulsões sociais que ameaçariam a continuidade do sistema. Por isso as políticas sociais do estado liberal são direcionadas às categorias específicas de populações excluídas, em uma ação paliativa, e não estrutural, numa perspectiva compensatória, e não redistributiva. É no seio destas políticas que se insere o trabalho do educador social.

Neste contexto neoliberal gerador de exclusões, Sáez Carreras[64] se pergunta quais são essas exclusões, uma vez que o educador social trabalha com elas. Baseado em Bell Adell,[65] pontua que são três os âmbitos, ou cenários, de exclusão, entendendo-se esta como a ruptura com o sistema social: estrutural, social e subjetiva. A ruptura estrutural implica na saída da pessoa do mercado de trabalho e, consequentemente, no desemprego, subemprego, emprego precário, no desequilíbrio, na distribuição de renda de uma sociedade e na desproteção social. A ruptura social implica na perda da relação com o entorno social ao qual o indivíduo pertence, própria de uma sociedade individualista e atomizada. Sáez Carreras se pergunta: "o que aconteceu com a cultura popular das comunidades e associações de vizinhos que foram capazes de criar tecido relacional e vertebrar interesses conectados e arraigados ao pulsar dos povos?".[66] A ruptura subjetiva implica os sentimentos da pessoa, suas carências e privações relacionais. Para o autor, esses três âmbitos da exclusão denunciam que ela não é um fenômeno acidental ou provisório, mas sim estrutural, instalado na medula do sistema que é político, eco-

---

62 Sáez Carreras (2013b), García Molina (2013b).
63 Sáez Carreras (2013b).
64 Id. (2013a).
65 A obra consultada por Sáez Carreras é de Bel Adell (2002).
66 Sáez Carreras (2013a, p. 79). Tradução livre do original em espanhol: ¿qué ha ocurrido con la cultura popular de las comunidades y asociaciones vecinales que fueron capaces de crear tejido relacional y vertebrar intereses conectados y arraigados al pulso de los pueblos?

nômico e social, retroalimentando-se. Assim, os processos de exclusão social se dão tanto na incapacidade para se exercerem direitos sociais como na privação da satisfação de necessidades e de acesso a bens sociais e culturais.

Neste sentido, o autor entende a educação como um bem cultural ao qual todos têm direito a ter acesso, sendo que a exclusão educativa está inserida na exclusão social; ela alude ao "fracasso escolar", e as pessoas que fracassam são as que saem do sistema educativo sem terem adquirido as aprendizagens básicas. Assim, a educação é tida como bem fundamental do homem, e sua privação e carência produzem desigualdade social e exclusão. O autor chama a atenção para o fato de que a escola não é o único espaço educativo, situando fora dela a educação social.

Neste contexto, vale reproduzir a reflexão, ainda que longa, sobre o trabalho de "ajuda" do educador social com os excluídos:

> Habitualmente, aqueles que se encontram em situação de exclusão não estão em condições de ajudar a si mesmos e precisam ser ajudados. Esta relação de ajuda não significa outra coisa que solidariedade para a promoção de projetos que, se por um lado não supõem oposição política nem têm o poder de construir alternativas ao mercado total, podem sim rejeitar e suspender sua lógica e reacionalidade, além de capacitar as pessoas para defrontar-se com seu próprio futuro. Relação de ajuda, pois, que implica no compromisso recíproco do indivíduo com sua coletividade e, portanto, das instituições educativas, de saúde, culturais e laborais da comunidade. Para que não nos dominem as abstrações nem as bondosas especulações,

convém não nos esquecermos: não existe a exclusão, e sim os excluídos (pessoas que a sofrem), por isso, o que se propõe como relação de ajuda é mais relação tutorial que gestão administrativa e tecnocrática: isto significa reorientar o espírito das políticas sociais projetadas sob a filosofia jurídico-administrativa tão obcecada por categorizar, e pensar de outro modo a própria intervenção, assim como o estilo mesmo da ação social e educativa.[67]

O autor define o sentido do termo "ajuda" do trabalho do educador social como mediação, para que as pessoas em estado de exclusão possam, elas mesmas, agir no sentido de se inserir na sociedade. Retomaremos esta noção quando falarmos especificamente da educação em saúde, sendo que o próprio autor cita as instituições de saúde como fazendo parte desta teia indivíduo-coletividade. Antes, vale pontuar a reflexão de Caponi sobre este tema, pois se direciona no mesmo sentido de Saéz Carreras, ainda que a autora não se situe no âmbito da pedagogia social ou da educação social, e sim da filosofia. Sendo uma argentina radicada no Brasil, ela fala a partir do contexto latino-americano.

---

67 Id. ibid., p. 94. Tradução livre do original em espanhol: Habitualmente, los que se encuentran en situaciones de exclusión no están en condiciones de ayudarse a sí mismos y precisan ser ayudados. Esta relación de ayuda no significa otra cosa que solidaridad para la promoción de proyectos que, si bien no suponen oposición política ni tienen el poder de construir alternativas al mercado total, sí pueden rechazar y suspender su lógica y racionalidad, además de capacitar a las personas para afrontar su propio futuro. Relación de ayuda, pues, que implica el compromiso recíproco del individuo con su colectividad y, por ende, de las instituciones educativas, sanitarias, culturales y laborales de la comunidad. Para que no nos dominen las abstracciones ni las bondadosas especulaciones conviene no olvidarlo: no existe la exclusión sino los excluidos (personas que la padecen), por eso lo que se propone como relación de ayuda es más relación tutorial que gestión administrativa y tecnocrática: ello significa reorientar el espíritu de las políticas sociales diseñadas bajo la filosofía jurídico-administrativa tan obcecada por categorizar y pensar de otro modo la propia intervención así como el estilo mismo de la acción social y educativa.

Ao mencionar alguns efeitos de subjetivação nas pessoas excluídas do acesso aos bens sociais, efeitos que apequenam o homem, deixando-o à guisa de favores e não de direitos, anulando-o como sujeito, Caponi[68] problematiza os valores sociais da compaixão e da solidariedade. A autora situa sua discussão na elaboração de uma "genealogia da assistência médica". Baseada em Friedrich Nietzsche (Alemanha, 1844-1900) e Michel Foucault (França, 1926-1984), ela mostra como a assistência médica tem por modelo o valor religioso da compaixão, que necessariamente apequena o homem assistido, pois o vê como desigual, como incapaz de fazer por si mesmo, tendo como efeito o controle sobre as pessoas assistidas. O valor da compaixão também implica em um perene sentimento de "estar devendo um favor", de uma dívida eterna. Para fazer frente à compaixão, Caponi defende o valor da solidariedade, permeada pelo olhar de respeito para com o outro, compreendido como um igual e capaz de agir para transformar a realidade.

O problema da caridade, movida pela compaixão, se faz quando se eleva a compaixão

> ao nível de uma categoria moral ou social, quando acreditamos que é capaz e eficiente a ponto de nos construir como agentes "morais", ou quando pretendemos fundamentar nela uma ordem social justa. Esquecemos que a justiça só pode ser compreendida conjuntamente com a equidade e a imparcialidade. E que as diferenças que o compassivo reforça dificilmente podem produzir relações fundadas na equidade, até pela simples razão de que a compaixão não tem por objetivo

---

[68] Caponi (2000).

transformar as condições materiais que conduzem à desigualdade.[69]

Ocorre uma dualidade entre o alvo da compaixão, que fica diminuído, e da pessoa que a pratica, que acaba se elevando, uma vez que se sente necessária, mesmo indispensável, ao outro. Esta ilusão, este "engrandecimento 'moral' de nós mesmos",[70] nos impede de verificar que a compaixão pode não ser desejada pela pessoa e que ela gera estados de dependência e submissão, bem como de coerção, em nome do "bem" para com os necessitados.

Existe uma noção de subjetividade nesta reflexão. No momento em que se passa a não enxergar mais o indivíduo que sofre – e que naquele momento necessita de uma mediação – e se enxerga nele apenas a representação de um conjunto hipotético ao qual se pode dar diversas designações (pobres, miseráveis, necessitados), rompe-se com a possibilidade de se enxergar no outro um igual, concebendo-o apenas como parcela de um grupo ao qual não se pertence.[71] Pode-se dizer que o "outro" perde sua subjetividade aos olhos do "mesmo".

Ao trazer estas questões para problematizar a assistência médica, Caponi nos faz refletir que essa assistência só ocorre desta forma por ser uma construção social, portanto, porque existem condições de possibilidade em nossa sociedade para que esta assistência assim seja. E podemos refletir que não se trata apenas da assistência médica, ainda que o profissional médico tenha *status* diferenciado em relação a outros profissionais. Pode-se problematizar esta prática de assistência no trabalho de psicólogos, assistentes sociais, educadores. Práticas que, quando voltadas às populações pobres, caem facilmente no modelo compassivo. Neste contexto, a ação profissional acaba sendo a de "convencer". Convencer

---

69 Id. ibid., p. 19.
70 Id. ibid., p. 21.
71 Id. ibid.

o outro de que necessita de "ajuda", convencê-lo a aderir a tratamentos e medicamentos prescritos.

Ao contrário, a assistência pautada na ética da solidariedade reconhece no outro um ser capaz e responsável por si.

> A solidariedade pertence ao âmbito da ética, a partir do momento em que só pode existir entre aqueles que se reconhecem como participantes de uma comunidade intersubjetiva de agentes morais. É por isso que a assistência fundada na solidariedade, ainda que possa prescindir do "amor pelos que sofrem", nunca poderá prescindir de uma preocupação desapaixonada por seus direitos. A legitimidade da mesma radica em que essa preocupação deverá estar marcada por uma intolerância radical contra tudo aquilo que já não pode mais ser tolerado: a violência, a crueldade, a miséria e a intolerância.[72]

Esta reflexão nos direciona de volta à crítica aos valores neoliberais. Petrus[73] alerta para o fato de que, se a prioridade é a do econômico acima dos direitos à diferença, se pode fazer uma assimilação cultural. Ainda, destaca que integração não é sinônimo de assimilação e nem de submissão e que o direito à diferença não pode justificar as desigualdades sociais em uma coletividade. Este apontamento é fundamental para que o educador social fique atento à diferença entre educação e assimilação, como observado anteriormente.

Da mesma forma, a educação social não pode ser definida como adaptação:

---

72 Id. ibid., p. 45.
73 Petrus (1997b).

Adaptação é uma fase necessária da educação social, ainda que essa adaptação só tenha valor pedagógico se se converter em um autêntico fator de otimização da pessoa e da própria sociedade. Essa adaptação não deve ser entendida como atitude mimética, mas sim como adaptação evolutiva, criativa e otimizante. Toda educação social deve ser adaptativa e evolutiva ao mesmo tempo. Quer dizer, deve ser capaz de integrar o cidadão no meio e converter-se em um fator de mudança e melhoria desse mesmo meio. O meio é, em sentido estrito, a "escola" da educação social.[74]

Pode-se questionar o sentido da ideia de "otimização" na educação social, uma vez ser um termo presente na visão liberal de otimizar recursos. Mas, dentro do contexto acima, esta otimização se situa como desenvolvimento das capacidades dos indivíduos e estes estão, necessariamente, inseridos em um meio social que precisa ser modificado. Portanto, trata-se de uma visão individual e coletiva da educação social, e não individualizante adaptativa.

Petrus[75] destaca que no "Livro verde da política social europeia" consta que o investimento em educação e formação é um dos requisitos para a competitividade e coesão das sociedades, mas a finalidade da educação não pode ser o crescimento econômico, e sim o desenvolvimento humano. Isso

---

74 Id. ibid., p. 21. Tradução livre do original em espanhol: adaptación es una fase necesaria de la educación social, aunque esa adaptación sólo tendrá valor pedagógico si se convierte en un auténtico factor de optimización de la persona y de la propia sociedad. Esa adaptación no debe entenderse como una actitud mimética sin más, sino como adaptación evolutiva, creativa y optimizante. Toda educación social debe ser adaptativa y evolutiva al mismo tiempo. Es decir, debe ser capaz de integrar al ciudadano en el medio y convertirse en un factor de cambio y mejora de ese mismo medio. El medio es, en sentido estricto, la "escuela" de la educación social.

75 Id. ibid.

inclui a igualdade de oportunidades, o que implica em uma educação pluridimensional, democrática e ao longo de toda a vida. Uma educação – e, segundo o autor, a educação social terá protagonismo nesta tarefa – que ajude a compreender a realidade social e que facilite o trânsito da assistência administrativa à associação multicultural. Desta forma, poderá se evitar o risco do subdesenvolvimento, assim como a desesperança social provocada pela extrema pobreza. Cabe à educação atuar para que se mude esse modelo econômico que aumenta a tensão entre países ricos e pobres. Ressalte-se nesta visão o entendimento do papel da educação social na mudança estrutural das sociedades.

Desta forma, a profissão de educador social é encarada como necessária para a construção de uma sociedade mais justa e democrática. Pode-se, no entanto, relativizar esta necessidade a partir da compreensão foucaultiana sobre os saberes das ciências humanas, qual seja, a de controle do indivíduo na sociedade disciplinar moderna.[76] Para Foucault,[77] as ciências humanas fabricam os indivíduos a quem dirigem suas ações, os "casos", os que saem da normalidade; então, não podemos ignorar que a pedagogia social surgiu exatamente para incluir os excluídos da sociedade normalizada. Ainda que o fim seja politicamente voltado para uma sociedade justa no sentido de incluir a todos, não podemos deixar de nos questionar: Qual o lugar da crítica a esta mesma sociedade normalizada? São apenas os indivíduos que devem se modificar para caberem nela? Qual o lugar, na pedagogia social e na educação social, para a crítica desta sociedade, de seus valores e de seus critérios de inclusão?

Questionamentos como esses estão presentes na literatura de educação social. De forma contundente, o livro organizado por José García Molina, *Exclusiones*, se detém sobre essas e outras questões fundamentais para a educação social.

---

76 Foucault denomina sociedade disciplinar moderna a sociedade ocidental capitalista pós--industrial, que teve sua origem na Europa no século XVI e seu apogeu no século XIX. O autor, falecido em 1984, entendia que estas sociedades ainda permaneciam, que ainda estaríamos na modernidade.

77 Foucault (2002).

Vale a pena nos determos em uma longa e esclarecedora citação desta obra, logo em suas páginas iniciais:

> Desviantes, anormais, delinquentes, prostitutas, drogados, estigmatizados, marginalizados, inadaptados, desestruturados, excluídos, vulneráveis, precarizados, sem-teto etc. Mediante estes e outros signifcantes, foi se configurando a história do que, desde os estudos clássicos, se concebeu como o campo do desvio social, antecedente do que hoje em dia denominamos exclusão social. Nesse território se foi impondo uma dupla lógica. Por um lado, foi se estabelecendo uma consideração diferente a alguns indivíduos e grupos em relação ao resto dos cidadãos. Por outro, foi-lhes atribuindo a responsabilidade (quando não a culpabilidade) de sua situação, do que se derivou a exigência de modificação de si mesmos para voltarem a se integrar ou se reinserir na vida social normalizada. E isto apesar de que, em linhas gerais, sabemos que a alteridade que encarnam os chamados desviantes não se encontra em seu corpo, e sim no sistema de representações que lhes atribuem uma bateria de características geralmente inferiorizantes. A evidência, nas palavras de Goffman,[78] de sua *identidade deteriorada* veio legitimando práticas

---

78 Os autores fazem referência a Erving Goffman e sua obra *Estigma: notas sobre a manipulação de uma identidade deteriorada*. Outra obra do autor também é muito conhecida no mundo acadêmico das ciências humanas, *Manicômios, prisões e conventos*. Em suas obras, Goffman faz a crítica da relação de exclusão que a sociedade "normal" estabelece com os

de encarceramento, banimento, repúdio, moralização ou reabilitação, voltadas à normalização pessoal e social. Não obstante, cabe lembrar que é justamente a atribuição de *um outro social* o que nos faz portadores de adjetivações e estigmas. Se não tivessem sido nomeados ou designados assim, tais características não operariam sobre os indivíduos que as carregam.[79]

Entretanto, para que os excluídos existam é necessário que sejam reconhecidos como tal, e o que legitimamente os nomeia são as ciências humanas, as quais, se não têm esta clareza do seu papel reprodutor dos estigmas, os perpetuam alienadamente. Configura-se um desafio às ciências humanas atuar em uma sociedade estigmatizadora sem estigmatizar; agir para a igualdade entre os diferentes quando elas mesmas, segundo Foucault,[80] foram criadas para normalizar.

"desviantes", assim como de suas instituições de exclusão, mostrando como esta exclusão, baseada no estigma, passa a compor a identidade dos "desviados".

79 Venceslao Pueyo e García Molina (2013, p. 16, grifos no original). Tradução livre do original em espanhol: Desviados, anormales, delincuentes, prostitutas, drogadictos, estigmatizados, marginados, inadaptados, desestructurados, excluidos, vulnerables, precarios, sin techo, etc. Mediante estos y otros significantes se ha ido configurando la historia de lo que, desde los estudios clásicos, se ha concebido como el campo de la desviación social, antecedente de lo que hoy en día denominamos exclusión social. En este territorio se ha ido imponiendo una doble lógica. Por un lado, se ha ido estableciendo una consideración diferente a algunos individuos y grupos respecto del resto de los ciudadanos. Por otro, se les ha ido atribuyendo la responsabilidad (cuando no culpabilidad) de su situación, de la que se ha derivado la exigencia de modificación de sí mismos para volver a integrarse o reinsertarse en la vida social normalizada. Y ello a pesar de que, en líneas generales, sabemos que la alteridad que encarnan los llamados desviados no se encuentra en su cuerpo, sino en el sistema de representaciones que les asigna una batería de atributos generalmente inferiorizantes. La evidencia, en palabras de Goffman, de su *identidad deteriorada* ha venido legitimando prácticas de encierro, destierro, repudio, moralización o rehabilitación, tendentes a la normalización personal y social. No obstante, cabe recordar que es justamente la atribución de *un otro social* la que nos hace portadores de adjetivaciones y estigmas. De no haber sido nombrados o designados así, tales características no operarían sobre los individuos que las soportan.

80 Foucault (2002).

Nesta direção, Venceslao Pueyo[81] afirma que classificar não significa somente construir categorias, mas sim organizá-las a partir de relações de inclusão e exclusão, pois toda classificação implica em uma ordem hierárquica, a qual não é um produto espontâneo ou natural, mas advém da ordem social de um determinado grupo, com suas assimetrias e subordinações.

Ordem social, esta, de um grupo dominante a que as ciências são convidadas a servir e que as servirão se não se situarem no contexto social e não decidirem subverter esta ordem. Segundo Venceslao Pueyo, os sistemas cognitivos com os quais entendemos o mundo derivam dos sistemas sociais, e estes, muitas vezes, são estigmatizadores, pois toda ordem social se constrói a partir de uma exclusão, visão também de García Molina.[82] Essa ordem necessita da desordem e dos desordeiros para neles localizar sua ação, entre elas terapêuticas e pedagógicas, e deixar os outros normais, livres e tranquilos por serem normais. São os "casos" de Foucault, objetos das ciências humanas e necessários na disciplinarização normalizadora da sociedade moderna. Estes excluídos são, portanto, perfeitamente incluídos na ordem social mediante seu lugar de exclusão. Exclusão que pode ser proveniente de uma classe social, de uma etnia, de uma posição política, de um comportamento sexual, enfim, de quais forem as diferenças com as quais o sistema social dominante – classe dominante – não estiver disposto a conviver.

Neste sentido, é notória a reflexão de Miguel Arroyo[83] sobre a criminalização da pobreza a partir do contexto brasileiro. O autor sustenta que a sociedade moderna constrói seus medos em torno do pobre, o qual é vinculado à violência, sendo visto potencialmente como perigoso.

Para Venceslao Pueyo,[84] o excluído social certifica a situação de inclusão dos "normais", ao mesmo tempo em que

---

81 Venceslao Pueyo (2013).
82 García Molina (2013a).
83 Arroyo (2009).
84 Venceslao Pueyo (2013).

é uma engrenagem essencial de um sistema econômico fundamentado na assimetria e na desigualdade. Hoje, o chamado "excluído social" é a figura que nomeia aqueles que perturbam a ordem social. Isto responde ao "desvio" em termos morais e o equipara à pobreza, configurando um desajuste da produtividade econômica, uma vez que os atuais postulados neoliberais situam do lado da anomalia e da irregularidade aqueles que não alcançam os quesitos de produtividade e consumo.

García Molina[85] aponta que a crescente brecha do dualismo socioeconômico, a enorme desigualdade social entre ricos e pobres, é a mais poderosa maquinaria de discriminação e exclusão social. O autor percorre a história dos "desviantes", atualmente reconhecidos como "excluídos", a partir da compreensão de que cada época histórica constrói sua denominação do desvio, de inadaptação. Segundo o autor, esta ideia de "desvio" é geralmente usada por ideologias de orientação conservadora, liberal e humanista de orientação médico-higienista e tecnocrática. Ao contrário, o entendimento da exclusão como desigualdade e discriminação se situa ao lado de ideologias progressistas e socialistas para as quais ela é o resultado de uma ordem social injusta, que priva os excluídos de direitos, serviços e acesso aos bens sociais, podendo-se pensar que estes bens sejam tanto materiais como culturais. Então, é importante destacar que a forma como se entende a exclusão dependerá da ideologia na qual esta visão se apoia, a qual deve estar muito clara para os profissionais "do social". O autor adverte:

> Ninguém nasce excluído porque a exclusão não se leva nos genes; ninguém é possuidor de uma característica naturalizada que o faria completamente responsável ou vítima da situação na qual se encontra. Frente ao habitual deslize que leva a pensar que "se eles têm um problema, eles são o problema", cabe

---

85 García Molina (2013a, p. 43).

insistir que a exclusão é uma forma de relação social governada, nomeada, ordenada e gerenciada.[86]

E se a exclusão não for vista assim, ela será invisibilizada, alerta-nos o autor, naturalizada, portanto, e não será de responsabilidade de ninguém. Seres invisíveis e naturalizados, sabemos, muito interessam ao modelo neoliberal, ele mesmo naturalizado, visto como necessário e inexorável nas sociedades atuais. García Molina lembra que por trás da "exclusão" há as pessoas "excluídas" e que elas são diferentes umas das outras, não podem ser tratadas como uma categoria – reflexão na mesma direção da de Sáez Carreras vista anteriormente, de que não existe "exclusão", e sim "excluídos". O autor se pergunta o que ganhamos chamando todas estas pessoas de excluídas e por que uma sociedade constrói suas categorias estigmatizadoras. Ainda, lembrando Robert Castel,[87] adverte que deveríamos prescindir de usar este termo, uma vez homogeneizador e classificador; mas se continuarmos utilizando-o, principalmente "nós" da ciência, então temos a obrigação de nunca esquecer que ele não designa condições e pessoas naturais, e sim processos sociais construídos em meio a valores.

A mesma reflexão é feita por Delgado Ruiz[88] acerca do que denomina ser um racismo multicultural, no sentido de qual "integração" queremos realizar com os estrangeiros pobres. Pensa-se que o objetivo principal destas pessoas seja o da integração na sociedade a que chegam. O autor adverte que se esta integração não for entendida como possibilitadora para que estas pessoas possam promover-se e melhorar suas

---

86 Id. ibid., p. 35. Tradução livre do original em espanhol: Nadie nace excluido porque la exclusión no se lleva en los genes; nadie es poseedor de una característica naturalizada que lo haría completamente responsable o víctima de la situación en la que se encuentra. Ante el habitual deslizamiento que lleva a pensar que "si ellos tienen un problema, ellos son el problema", cabe insistir en que la exclusión es una forma de relación social dictaminada, nombrada, ordenada y gestionada.

87 A obra de Robert Castel é de 2004. Para mais informações, vide referências no final deste livro.

88 Delgado Ruiz (2013).

condições de vida, delas e de seus descendentes, ela será um termo utilizado para esconder a realidade que não integra. Ainda, alerta que a questão não será se podemos conviver com a diferença, mas sim se podemos conviver com o escândalo da miséria da atual crise econômica mundial, geradora das migrações entre populações dos diferentes países, e que os preconceitos, antes baseados nas diferenças biológicas/raciais, podem estar sendo substituídos hoje pelas diferenças culturais, que vêm carregadas de juízos de valor ao mesmo tempo em que elogiam a diversidade humana.

As diferenças culturais, assim, são vistas hierarquicamente, uma vez que se entende que estes estrangeiros podem trazer problemas de ordem moral à identidade de um país – com base em um ideal identitário –, do mesmo país que os acolhe e que clama o respeito à diferença. Assim, que integração seria esta? Para ser considerado integrado, o sujeito deve aderir à sociedade, mas não fica claro em que consistiria esta incorporação. Assim, sua cultura é vista como inferior, transformando-se a diferença em desigualdade. Mas, em não ficando clara a desigualdade, se tenta conviver com a diferença, administrando o conflito, fazendo-o calar. O conflito passa a ser entre culturas, disseminando o originário conflito entre classes sociais. Onde antes se viam diferenças de classe, agora somente se veem diferentes culturas, em relação às quais se pede à cultura dominante tolerância para conviver com a cultura diferente, no caso, a estrangeira, transformando os problemas estruturais em morais. Novamente, é a pobreza que se exclui, sendo os imigrantes pobres os jovens de classes populares, foco da análise do autor, alinhados à noção de violentos, a "violência juvenil".[89]

Dessa situação participa a "certificação científica", com seus rótulos classificadores e estigmatizantes. Estes jovens, assim como poderiam ser aqueles imigrantes, são

---

89 Id. ibid.

destinatários de um "trabalho social" que aspira a redimi-los antes, inclusive, que delinquam. É nesse território onde se faz palpável a cooperação necessária entre a gestão mercantil do social e a gestão policial da pobreza, uma vez que a primeira exige e obtém da segunda o trabalho de manter os jovens dos bairros populares enclausurados em algo assim como um gigantesco campo de concentração virtual, rodeados de muros e cercas invisíveis e guardados por agentes estatais – do empregado social ao policial – que os mantenham sob o permanente escrutínio de um grande dispositivo de contenção preventiva.[90]

Petrus[91] também aponta a crítica à educação social em relacionar-se apenas com a inadaptação e a marginalização, no sentido de adaptação social e socialização adaptativa de problemas reconhecidos como tais. Em seu entender, ela deve atuar com toda a comunidade, no sentido de esta reconhecer novos problemas, necessidades ainda não satisfeitas. Assim, essa educação social geraria novas demandas. Deste modo, é competência da educação social intervir no sujeito normalizado e a favor de um contexto social mais justo, dos direitos sociais de todos os cidadãos, o que a situa em uma visão crítica.

---

90 Id. ibid., p. 70. Tradução livre do original em espanhol: destinatarios de un "trabajo social" que aspira a redimirlos antes incluso de que delincan. Es en ese territorio donde se hace palpable la cooperación necesaria entre la gestión mercantil de lo social y la gestión policial de la pobreza, puesto que la primera exige y obtiene de la segunda la labor de mantener a los jóvenes de los barrios populares enclaustrados en algo así como un gigantesco campo de concentración virtual, rodeados de muros y alambrados invisibles y custodiados por agentes estatales – del empleado social al policía – que los mantengan bajo el permanente escrutinio de un gran dispositivo de contención preventiva.
91 Petrus (1997b).

O termo "inadaptação social" é centralmente questionado por Tizio,[92] quem alerta o necessário cuidado que os profissionais devem ter para não reproduzirem a lógica a que se dedicam a enfrentar. Cuidado que implica em refletirem sobre o aparato conceitual que utilizam, pois é a partir dele que se pode fazer o mesmo que se critica. São os profissionais que aplicam as categorias aos sujeitos, as quais não são meros termos, mas que situam o sujeito em um lugar e determinam a ação profissional.

O autor parte da crítica da sociedade capitalista geradora de "restos", que coloca a tecnologia a serviço da produção e que se mantém na base da ilusão do progresso como avanço contínuo. Ele também critica o modelo de ciência positivista, que colabora com o modelo capitalista a partir da visão de progresso sem limites e linear. Esta sociedade é criadora, a cada tempo histórico, das categorias sociais que designam a todos os que fogem da ordem social estabelecida por este capitalismo, em um movimento de homogeneização. Quanto maior a homogeneização, maior a segregação.

Uma destas categorias homogeneizadoras é a de inadaptação social, hoje associada ao de "risco social". Para Tizio,[93] o conceito de risco se direciona a setores que apresentam carências materiais ou modalidade de vida que não correspondem plenamente ao comumente esperado. Assim, o autor afirma que essa noção opera de forma estigmatizante e introduz o sujeito nas malhas que confirmarão o suposto risco; o que se tenta fazer do lado da prevenção leva a produzir o que se quer evitar. Voltaremos à crítica à noção de risco como dispositivo moralizador de exclusão social mais adiante neste texto.

Os inadaptados são os "restos" de um sistema social, os que não têm uma integração normalizada. A ciência e seus profissionais têm papel central na perpetuação desta ordem de exclusão, a partir do aparato discursivo que nomeia as

---

92 Tizio (1997).
93 Id. ibid.

exclusões. Como diz Tizio,[94] para que a inadaptação exista, ela precisa poder ser nomeada, e isso não se diz em primeira pessoa, e sim em terceira, é um Outro social, uma vez que ela não existe fora das instituições e profissões que a designam, as quais, por sua vez, têm a tarefa de preveni-la.

Nesse sentido, García Molina[95] resgata Nietzsche, que também influenciou o pensamento de Foucault. Nietzsche irá colocar em questão a legitimidade do saber científico em estabelecer a verdade, irá afirmar que a verdade científica é fabricada para manter o interesse da própria ciência, que vive dela. E fabricar verdades implica em falar sobre as coisas, nomeá-las, fazê-las surgir. Vamos retomar esta intencionalidade científica quando tratarmos da perspectiva decolonial. Por ora, ficamos com a crítica de que deste estabelecimento de verdades vem o grande poder da ciência, poder relacionado a um saber, ideia que foi ricamente desenvolvida por Foucault em sua vasta obra. Para Nietzsche, é o sacerdote quem realmente necessita do pecado, assim como é a moral cristã que necessita das situações de miséria. Pecado e miséria que falam da perpetuação da necessidade do sacerdote e da moral cristã. García Molina[96] estende esta lógica às relações entre a exclusão social e as profissões sociais e se pergunta: Quem necessita da exclusão? Quem vive dela? Quem a nomeia a faz existir e se arroga o poder de tratá-la?

Esta reflexão direciona uma profunda criticidade para a atuação das profissões embasadas nas ciências humanas, no caso do autor, da educação social. Aqui retomamos nossos questionamentos: Quem necessita de nossa ajuda? Quem define quem deve ser ajudado e como? Quem define as demandas das pessoas?

Sáez Carreras e García Molina[97] entendem que o trabalho do educador social, como um direito de cidadania, é

---

94 Id. ibid.
95 García Molina (2013b).
96 Id. ibid.
97 Sáez Carreras e García Molina (2013).

uma prática relacional, uma vez que se baseia na construção de contextos de aprendizagem que promovam efeitos culturais, sociais e subjetivos. Essa relação educativa, por sua vez, é atravessada por práticas de transmissão cultural e de mediação cultural e social. Por ser relacional, este trabalho convida à reflexão ética, que os autores entendem deva ser regida por critérios particulares e personalizados, não estandardizados. García Molina[98] diz que o educador social deve traduzir as necessidades sociais em necessidades educativas. A princípio, não é a educação que vai resolver estes problemas sociais, mas ela tem algo a fazer neste contexto, e esta é sua implicação ética. Para o autor, esta implicação ética incorre em ir mais além de uma lógica de ordem, controle de comportamentos ou subjetivação moralizante, e para ir mais além destes fazeres tão conhecidos no campo das ciências humanas urge não reproduzir a lógica classificatória e estigmatizante, a qual transforma características próprias, com as quais se reconhecem pessoas concretas, em tipologias, sendo o "campo natural" do trabalho do educador social, como diz o autor, uma forma de reificação e naturalização dos excluídos. Uma atribuição de particularidades psicológicas ou sociais sobre as quais se precisa intervir.

O autor situa a educação social como a profissão com o papel de manter a ordem estabelecida pelo sistema regido pelos valores liberais, seu foco de trabalho são os "excluídos" desta ordem, justamente para mantê-la. Desvio, inadaptação, marginalidade, indivíduos ou grupos problemáticos, exclusão social, todos estes são termos apontados pelo autor, os quais a ciência usa para nomear os que fogem à ordem estabelecida e a ameaçam, os responsáveis pela "desordem". São os "casos" que Foucault[99] aponta como sendo próprios da intervenção das ciências humanas. Essa situação caracteriza a educação social, daí a necessidade da reflexão ética sobre seu fazer.

---

98 García Molina (2013b).
99 Foucault (2002).

Tendo encontrado, então, a crítica interna da pedagogia social e da educação social às questões da inserção na sociedade normalizada, vamos agora nos deter em alguns questionamentos críticos para pensar a educação em saúde, advindos da Espanha e do Brasil.

> "Tenho fé de que tudo o que aconteceu sou eu. Porque entre o nascer e o morrer há sempre a liberdade.

(*Destino e desatino*, 2016 – Caroline Scussel, brasileira)

APONTAMENTOS CRÍTICOS PARA A EDUCAÇÃO EM SAÚDE

Comecemos, ou continuemos, com alguns questionamentos para o campo da educação em saúde: Do que as pessoas necessitam em termos de saúde? O que necessitam é o mesmo que demandam? Como trabalhar com as diferenças entre necessidade e demandas? Quem estabelece as necessidades e as demandas? Vamos refletir acerca destas questões dialogando com autores espanhóis inseridos no campo da educação em saúde, a qual, sabemos, na Espanha se inscreve na área de educação social, tendo seu constructo teórico na pedagogia social; e também refletiremos a partir do Brasil, a partir de autores que nos trazem elementos para pensar as questões educativas em saúde, inseridos ou não no campo da educação popular. Será somente no capítulo seguinte que tomarei a educação popular como reflexão para a educação em saúde.

Vou dialogar com autores que desenvolvem perspectivas críticas em educação em saúde. Essas perspectivas não são as únicas, logicamente. Na literatura de pedagogia social, no largo espectro considerado da saúde – o qual envolve as dependências de substâncias químicas, a criança hospitalizada, as chamadas condutas antissociais etc. –, há perspectivas não críticas, as quais focam a ação no indivíduo e, quando muito, também na família e na comunidade, por serem tão somente os melhores meios para se chegar ao indivíduo, e não com base em uma visão dialética indivíduo-comunidade. Estas perspectivas se centram na mudança de comportamento individual, o que passaria pelo grupo maior da família e da comunidade, numa visão de "responsabilidade pessoal" no sentido de culpabilização e de vetor normativo, baseado em valoração moral, e sem haver o questionamento do que seria um "estado são de saúde", apenas a reprodução de uma normatividade hegemônica. Então, esta literatura também existe, tanto na Espanha como no Brasil, mas não é com ela que irei dialogar, e, sim, com a que aporta uma concepção, por assim dizer, libertadora, necessariamente crítica, de educação.

Não me deterei às particularidades dos sistemas de saúde da Espanha e do Brasil. Apenas é importante situar que, em que pesem as diferenças entre os dois sistemas, eles se assemelham em aspectos fundamentais: são organizados em torno da atenção primária em saúde e tendo como prioridade a promoção dela, ainda que a prevenção de doenças e a sua cura também sejam suas ações. Em ambos países a saúde é estabelecida em suas constituições pós-períodos ditatoriais como direito de todo cidadão. O que irá me interessar é a educação em saúde realizada a partir do âmbito dos profissionais de saúde nos centros de saúde e nas comunidades, e não nas escolas. Não por ela não ser importante, muito pelo contrário, mas porque guarda particularidades em que não irei me deter. O foco em que me deterei será a relação educativa entre profissionais que trabalham no campo da saúde e os usuários dos serviços de saúde, sejam indivíduos ou comunidades. A educação em saúde se caracteriza como ação promotora de saúde, mas também como preventiva de doenças e até mesmo quando a doença já está instalada. A promoção da saúde – como também sua recuperação e a prevenção de doenças – implica em uma visão ampliada dela, segundo a qual a saúde está relacionada a aspectos sociais, econômicos, políticos, culturais, subjetivos; enfim, o aspecto biológico é apenas um dos fatores da saúde, e não o único ou mesmo o principal. As condições de vida das populações são fundamentais para a determinação de sua saúde.

Apoiando-se em Carvalho, as brasileiras Smeke e Oliveira[100] dizem que os problemas de saúde são o terreno a partir do qual o objetivo central deve se concretizar, e este objetivo central não é o tratamento da saúde e nem o combate à doença – de cunho pragmático –, mas sim a própria educação – de cunho processual. A educação e os processos educativos são o fim, e a saúde é o instrumento/meio pelo qual se atinge este fim. Quando se estabelece a melhoria dos problemas de saúde da população como fim, abre-se a possibilidade para projetos autoritários, pautados no convencimento da população; mas se o fim é a educação, então se pode eleger como prioridade a democratização da palavra, as decisões colegiadas, a dinâmica do grupo, pressupostos formativos para que as pessoas possam atuar concretamente para viver com saúde, o que implica em seu poder de decisão política e de participação social.

A educação em saúde como fim, não como meio; a saúde como meio para a educação, não como fim. Essa é uma inversão importante, pois permite ressignificar a prática da educação em saúde. Implica que o profissional da saúde que se propõe a ser um educador em saúde deva se assumir como tal, sua ação necessariamente deve ser pensada no contexto do desenvolvimento da comunidade, contexto em que a população é protagonista e não coadjuvante na busca por uma melhoria da saúde. O profissional assume para si sua ação social, cumprindo o papel de indicar o protagonismo da população. Na educação em saúde como fim, o que importa é o processo de empoderamento, de fortalecimento, de autonomia, de emancipação dos usuários e da comunidade, para que então, eles próprios, sujeitos de suas vidas, possam, em conjunto, decidir sobre suas necessidades, e não serem instruídos para seguir o que outros já decidiram por eles. E tudo isso num processo dialógico em que ambas partes, educadores e educandos, ensinam e aprendem, como defende Paulo Freire.

---

100 Carvalho (s/d *apud* SMEKE; OLIVEIRA, 2001).

Voltemos às nossas questões iniciais, que nos levam à necessidade do diálogo entre educador e educando. Em situações concretas, as pessoas precisam ter acesso às condições promotoras de saúde. Mesmo que a saúde não seja um fim referente à educação em saúde, aceitando que tal finalidade é a educação das pessoas e das comunidades, esta educação objetiva uma formação para que as pessoas atuem em seu entorno para terem saúde, sendo o acesso aos determinantes de saúde o indicativo de uma sociedade com justiça social. O que conta no ato educativo é a formação das pessoas para que sejam sujeitos que atuem para alcançar aquilo que definiram como necessidade, colocando-se sempre mais do que necessitam a partir de uma visão ampla, contextual. Haverá momentos em que será necessário o acesso pontual a consultas médicas e aos remédios. Mas a consulta médica e os remédios não vêm sozinhos: é sempre um indivíduo ou um grupo, ou um indivíduo situado em um grupo, que deles necessita. E isto vem acompanhado do desvelamento da hierarquia entre as profissões de saúde, situada no clamado modelo biomédico de saúde, assim como da "máfia das indústrias farmacêuticas", a "medicalização da vida"... tudo isso precisa fazer parte de uma educação em saúde, da "formação" do sujeito e do grupo (ou do sujeito no grupo), sem perder de vista a concretude do micro: a consulta e os remédios – os quais não são fins da educação (o fim é a formação do indivíduo), e sim meios para se ter saúde; e se o indivíduo não os têm, deve-se atuar como sujeito – e melhor que seja no grupo – para os reivindicar.

Pode-se dar a conhecer o que é necessário para uma pessoa "aliviar a dor das pernas". Mas se o projeto educativo que a orienta é libertador, este conhecimento técnico e pontual precisa vir situado em seu contexto, no contexto de vida que é causa esta dor, e é aí que vamos encontrar o sujeito. Por mais que a ação seja grupal, é sempre o sujeito que se alcança ou não, pois os grupos são formados por eles; se, por um lado, o grupo não é uma simples soma de indivíduos, por outro, o grupo em si não existe sem os sujeitos.

Há uma lógica grupal, uma atmosfera grupal, uma inteligibilidade e valores grupais. Mas este grupo não "domina" o sujeito simplesmente, sempre há possibilidades de um sujeito distanciar-se do grupo. Afinal, o sujeito se identifica e se diferencia do grupo, esta é sua condição concreta. Também aí necessitamos sair dos dualismos e compreender o sujeito como ser social como única possibilidade de ser sujeito. Então, por mais que o objetivo da educação possa ser a formação do grupo, ela sempre incidirá nos sujeitos, em sujeitos socialmente constituídos.

Raupp et al.,[101] autoras brasileiras, ao constatarem que muitas vezes os problemas elencados como prioritários pelos profissionais da saúde não são os mesmos elencados pela comunidade, se perguntam como conciliar as necessidades observadas pelos profissionais com as necessidades sentidas pela população. Em sua atuação, a opção foi a de iniciar trabalhando as necessidades da população. Só em um segundo momento se chegou a trabalhar as necessidades levantadas pelos profissionais, não em termos de aliciamento, mas de respeito à perspectiva dos próprios sujeitos no cotidiano de suas vidas, considerando-se os problemas sentidos por eles, e, junto a eles, chegar aos problemas – também reais – vistos primeiramente pelos profissionais. Esta dinâmica, segundo as autoras, mudou significativamente a relação profissional-comunidade: nela, passou a ser importante a forma como a população pensa e o que tem a dizer sobre suas vidas.

É necessário refletir sobre a visão das autoras de que os problemas levantados pela população em geral são mais complexos do que os levantados pelos profissionais. As autoras invertem a lógica com a qual estamos acostumados a pensar, a de que nós, profissionais, dizemos sempre "o mais importante". No caso relatado, o problema que os profissionais levantaram foi a falta de procura, por parte das mulheres, da consulta ginecológica para a prevenção do câncer de colo de útero, um dos mais incidentes no Brasil e que apresenta alta mortalidade.

---

101 Raupp et al. (2001).

E o maior problema levantado pela comunidade foi a violência. Não causa dúvidas qual destes problemas se caracteriza como mais complexo e com maiores dificuldades de enfrentamento. Esta visão causa impacto nos próprios profissionais, formados com a noção de responsabilidade de que são eles que devem saber quais os problemas da comunidade. As autoras dizem que estas trocas possibilitam que população e profissionais reconstruam coletivamente suas condições de existência.

Importante, nesta discussão sobre partir dos problemas da população, o alerta que fazem os brasileiros Meyer et al. das "estratégias participativas", "nas quais a interação com o repertório sociocultural e o seu resgate constituem um recurso de acomodação dos conteúdos técnico-científicos ao universo cultural daqueles a quem se deseja (ou se deve) ensinar".[102] Respaldados em Valadão,[103] os autores apontam estas estratégias como inseridas na lógica da higienização e normalização dos comportamentos, uma vez que se constituem em meios mais eficazes para atingir os objetivos já traçados pelos detentores do conhecimento técnico-científico. Seria uma forma de convencimento revestido de participação.

O médico estadunidense radicado no Brasil Victor Vicent Valla[104] aponta a necessidade de que as ações em educação para a saúde levem em conta o sentido da vida, o controle sobre a vida por parte das pessoas, o que envolve a solidariedade comunitária. Levar em conta o que as pessoas pensam sobre seus próprios problemas e que soluções apontam, contemplando suas histórias de vida. Em outro texto, Valla[105] pauta-se na defesa do que Richard Schaull – um pastor prebisteriano estadunidense que atuou na Colômbia e no Brasil e influenciou a teologia de libertação deste continente – chamou de "conversão" há cerca de cinco décadas: a

---

102 Meyer et al. ([2006] 2009, p. 1336).

103 A obra referenciada pelos autores é de Valadão (2004). Para mais informações, vide referências no final deste livro.

104 Valla ([1999] 2006).

105 Id. (2009).

ideia de que os seminaristas, em geral de classe média, convivessem com as classes populares em seu lugar de moradia, para captar sua forma de compreensão e ação, já que eram os sujeitos de sua ação missionária. Tomando este conceito para a educação popular, Valla o entende como portador de uma mudança epistemológica porque, historicamente, a classe média – classe da maioria dos profissionais – costuma entender o mundo do outro em relação ao seu mundo. A conversão exigiria, ao contrário, o descentramento. Assim, a conversão

> – como movimento de confrontação de nossa experiência a partir do nosso submetimento à centralidade da experiência do outro, da tomada da experiência do outro como referência para pensar o mundo – propicia também uma *conversão dos sentidos* que estamos habituados a atribuir às coisas.[106]

Reconhecendo a diferença entre a natureza das práticas missionárias e das práticas educativas profissionais, a conversão parece ser, para o autor, uma possibilidade de nos atentarmos para um aspecto: práticas que garantam uma relação profunda com a vida das classes populares podem evitar que a educação popular seja mais uma forma de dizer ao outro o que deve fazer, a partir de um contexto alheio a ele.

Em sentido semelhante, é o que Meyer et al. propõem, alertando que, a despeito de toda uma produção acadêmica crítica, as práticas educacionais em saúde continuam pautadas na transmissão de um conhecimento especializado. Então, contrariamente,

> a educação em saúde pode ser pensada não como estratégia de aliciamento a

---

106 Id. ibid., p. 589, grifos no original.

um modelo que permanece cognitivo-racional ou como recurso para uma "aprendizagem sanitária" satisfatória, mas como eixo orientador de escolhas político-pedagógicas significativas para um dado grupo e contexto. E o apoio e a resposta social que se busca alcançar envolvem a comunicação entre diferentes, que não objetiva a homogeneização de forma de pensar e levar a vida, mas a construção e o fortalecimento de cumplicidades na busca de proteção.[107]

Novamente encontramos o sentido de colocar a saúde como meio e a educação como fim.

Os espanhóis Cruz Molina e Cabra Soler[108] trazem uma reflexão da educação em saúde em sociedades multiculturais. Vale lembrar que a questão da multiculturalidade ganha cada vez mais importância na Europa em função do crescente movimento migratório das populações de países em guerra do Oriente Próximo, como também do já há tempo instalado movimento migratório de populações asiáticas, africanas e latino-americanas devido às precárias condições de vida material em seus continentes. Então, fazer o diálogo entre educação em saúde e multiculturalismo na Europa é um caminho necessário. Na América Latina, a diversidade cultural também se faz presente a partir das diversas culturas indígenas, dos europeus outrora colonizadores e dos negros então escravos, e a partir de suas consequentes mestiçagens.

Estes autores, então, destacam que em diversas culturas diferem os significados e percepções sobre a saúde, assim como a explicação das causas da doença e a consequente busca por solução. Aos profissionais é demandada uma com-

---

107 Meyer et al. ([2006] 2009, p. 1341).
108 Cruz Molina e Cabra Soler (2005).

preensão de dentro para que sejam capazes de estabelecer a adequada comunicação com as pessoas atendidas. Às vezes, devem-se incorporar à "nossa cultura" distintas concepções de saúde. Os autores defendem que a diversidade cultural pode ser vista como oportunidade de mútuo enriquecimento cultural, e não como problema.

Esta perspectiva é a mesma de Sánchez Lázaro,[109] autora espanhola, ao defender, assim como estabelecido na Carta de Ottawa,[110] a saúde como recurso para a vida cotidiana, ou como algo necessário para alcançar o bem-estar,[111] e não como um fim em si mesmo, como um problema a solucionar.

A autora situa a educação em saúde no contexto de vida de uma comunidade, pontuando que o conceito de promoção da saúde se insere na dimensão global das condições de vida, e aí se devem enfrentar as situações de pobreza, aquelas responsáveis pelas desigualdades sociais, que distanciam as pessoas do direito à saúde. Assim, Sánchez Lázaro enxerga a educação em saúde em nível comunitário, e as comunidades seriam as responsáveis pela gestão de seus próprios projetos e os motores para que as gestões públicas se responsabilizem pelos problemas. Seria o caminho para uma maior autonomia de indivíduos inseridos em suas comunidades, o que significa a resistência às saídas individualistas de enfrentamento aos problemas de saúde.

Sánchez Lázaro defende esta autonomia comunitária, e também individual, a partir da conhecida crítica de Ivan Illich[112] sobre a expropriação e medicalização da saúde e da

---

[109] Sánchez Lázaro (2005).

[110] A Carta de Ottawa é uma carta de intenções decorrente da 1ª Conferência Internacional sobre Promoção da Saúde, realizada em Ottawa, no Canadá, em 1986. É um dos marcos na orientação de políticas públicas de saúde na direção da universalidade do acesso à saúde, no entendimento dos fatores sociais da saúde e da busca pela promoção da saúde, e não somente na cura e na prevenção de doenças. Promoção da saúde compreendida no contexto da diminuição das desigualdades sociais. O primeiro marco neste sentido foi a Declaração de Alma-Ata, de 1978.

[111] García Martínez e Escarbajal (1997 *apud* SÁNCHEZ LÁZARO, 2005). Para mais informações sobre a obra consultada pela autora de García Martínez e Escarbajal, vide referências no final deste livro.

[112] Illich (1975).

vida. Ao defender que as pessoas é que devem aprender a reconhecer os riscos, suas possibilidades e limitações, e ao entender os estilos de vida como maneiras de viver que cada um deve negociar com seu meio ambiente, ela nos remete à crítica de Sandra Caponi – que também dialoga com Illich – sobre a visão normalizadora de saúde, a qual veremos mais adiante neste item. Esta perspectiva leva a uma educação em saúde que promove a autonomia e a criatividade das pessoas nas situações que implicam em sua saúde, e não à prescrição do saber científico, distanciando-se de estratégias baseadas no medo, na delegação de responsabilidades aos profissionais de saúde, nas fórmulas mágicas centradas nos remédios. "Avançar em direção a sociedades mais saudáveis requer necessariamente uma mudança social que aposte em indivíduos e comunidades cada vez mais livres".[113]

Os espanhóis Alfonso García Martínez, Juan Sáez Carreras e Andrés Escarbajal de Haro[114] situam a educação em saúde numa proposta educativa crítica, necessariamente detentora de uma visão contextual, e não individualista, assim como promotora de autonomia do indivíduo e da comunidade. Os autores contextualizam a educação em saúde na Espanha vinda da educação social e sendo uma das formas de consolidação da pedagogia social no país. A educação social para a saúde se subscreve no contexto do estado de bem-estar de uma sociedade com projeto democrático, significando a ampliação da qualidade de vida para todos e não apenas para os que estão em contextos de precarização. A educação em saúde teria como ação primordial a promoção da saúde. Os autores avaliam que ela não teve bom desenvolvimento na Espanha devido ao tardio e inconcluso desenvolvimento do estado de bem-estar no país.

---

113 Sánchez Lázaro (2005, p. 99). Tradução livre do original em espanhol: avanzar hacia sociedades más saludables requiere necesariamente un cambio social que apueste por individuos y comunidades cada vez más libres.

114 García Martínez, Sáez Carreras e Escarbajal de Haro (2000).

Eles defendem uma educação em saúde direcionada pelos vetores da educação emancipadora e pela justiça social. Assim, ela não pode ser uma ação assistencialista, mas sim capacitadora dos indivíduos e comunidades para fazer frente aos determinantes de sua saúde. Aqui, o termo "capacitação" ganha sentido de "emancipação", e não de "desenvolvimento de capacidades para a produção" – lógica empresarial que tem invadido o campo da educação no Brasil com as chamadas "capacitações". Não que elas também não tenham invadido a educação espanhola, o que não é objeto deste texto, apenas ressalto que não é este o sentido do termo empregado pelos autores.

Seria como o entendimento de Escarbajal de Haro e Martínez de Miguel López de emancipação:

> (...) emancipação entendida no sentido de que todas as pessoas de um contexto social possam conduzir seus destinos livremente, sendo capazes de conhecer e fazer respeitar seus próprios interesses, reconhecendo, por sua vez, os interesses dos demais. Para isto, a educação deve propiciar a compreensão reflexiva e crítica, a autocompreensão e a autoconsciência das pessoas e dos grupos.[115]

Os autores insistem no caráter de ação da prática educativa sinalizando que não basta tomar consciência das situações, mas é preciso "atuar, tomar decisões e comprometer-se". Por isso eles falam da educação em saúde como um processo de emancipação, pois possibilita às pessoas desvelarem os

---

[115] Escarbajal de Haro e Martínez de Miguel López (2015, p. 71). Tradução livre do original em espanhol: (...) emancipación entendida en el sentido de que todas las personas de un contexto social puedan conducir sus destinos libremente, siendo capaces de conocer y hacer respectar sus propios intereses, reconociendo, a la vez, los intereses de los demás. Para ello, la educación debe propiciar la comprensión reflexiva y crítica, la autocomprensión y autoconciencia de las personas y los grupos.

condicionantes sociopolíticos que as impedem de serem protagonistas nos planejamentos comunitários.

Para tanto, apostam no que chamam de "trabalho qualitativo em educação em saúde", baseado em ações grupais de construção coletiva do conhecimento, mediante a expressão dos significados das questões de saúde por parte do grupo, significados que vão se entrecruzando e construindo novos saberes, numa perspectiva que chamam de crítica. Eles não citam Paulo Freire, mas sua proposta tem o mesmo sentido da conscientização e dialogicidade freiriana.

Não há normas para o trabalho educativo em saúde, mas sim um ponto fundamental, o de responder às demandas colocadas pela comunidade, todavia sempre se assegurando de que elas são a autêntica expressão de suas necessidades. É neste sentido que os autores afirmam que o trabalho educativo em saúde implica na criação de espaços e práticas contra-hegemônicas. Contra-hegemonia que implica também na construção coletiva do conhecimento, ao romper com sua direção linear. Não é o conhecimento aplicado a situações práticas, mas construído na e a partir da ação, na centralidade da experiência:

> (...) quando agimos, cremos que nossa técnica, nosso saber e nosso ser se voltam sobre o destinatário, e pode ser assim, mas isso não é tudo o que acontece, porque também acontece um processo reversível: o que fazemos nos vai fazendo, nossas ações repercutem em nosso saber, em nosso fazer e em nosso ser. O grande objetivo é possibilitar a reconstrução da experiência, porque nosso conhecimento está em nossa ação; o saber está, normalmen-

te, tácito e implícito nos padrões das ações que efetuamos.[116]

Também está expressa no texto de García Martínez e Sánchez Lázaro[117] a premência de que o trabalho educativo em saúde alcance a expressão das necessidades da comunidade para que ela própria planeje sua ação na realidade concreta, a fim de transformá-la. Esse seria o sentido de "capacitar" os indivíduos e a comunidade, o que requer análise crítica e atuação individual e coletiva.

Nesta mesma linha, a perspectiva educativa em saúde de García Martínez, Sáez Carreras e Ecarbajal de Haro[118] é a de capacitar as pessoas e as comunidades para fazerem frente às suas necessidades de saúde. A metodologia de ação necessariamente deve ser participativa, "com as e a partir das" pessoas, e não "sem elas" ou "sobre elas". O educador em saúde é, desta forma, um facilitador para que as pessoas e a comunidade decidam qual será sua ação em seu contexto. Nesta concepção de saúde, que os autores chamam de "modelo educativo" em contraposição ao "modelo médico", se compreende que o entorno gera os elementos epistemológicos e metodológicos para a compreensão da saúde, e isto implicará no poder de decisão da comunidade. O fundamental é levantar os problemas sobre a saúde, e não buscar respostas "corretas" a perguntas pré-construídas. Os autores fazem referência à conscientização freiriana, instrumento de uma educação que visa à transformação social, no caso, a transformação dos determinantes de saúde, da estrutura social, situada em um processo histórico.

---

[116] Id. ibid., p. 77. Tradução livre do original em espanhol: (…) cuando actuamos creemos que nuestra técnica, nuestro saber y nuestro ser se vuelcan sobre el destinatario, y puede ser así, pero eso no es todo lo que ocurre, porque también sucede un proceso reversible: lo que hacemos nos va haciendo, nuestras actuaciones repercuten en nuestro saber, en nuestro hacer y en nuestro ser. El gran objetivo es posibilitar la reconstrucción de la experiencia, porque nuestro conocimiento está en nuestra acción; el saber está, normalmente, tácito e implícito en los patrones de las acciones que llevamos a efecto.

[117] García Martínez e Sánchez Lázaro (2015).

[118] García Martínez, Sáez Carreras e Ecarbajal de Haro (2000).

Segundo os autores, esta educação em saúde não é assistencial, não é uma dádiva, é um direito. Ela precisa negar a normalização do comportamento e a medicalização da saúde, por serem dispositivos calcados em uma visão preconceituosa de homem e estreita de saúde. Os valores que a impulsionam são liberdade, responsabilidade (no sentido de capacidade para agir e não de culpabilização individual), desenvolvimento (integral) e prazer. Faz parte desta visão a não negação do risco, pois ele é inerente à vida; o que as pessoas necessitam é dominá-lo, gestioná-lo. Os autores apontam que a classificação dos processos de saúde em "normais" e "patológicos" – a medicalização da saúde – é fruto de fatores históricos e culturais, e não de entidades biológicas neutras. O modelo biologicista advindo desta classificação se baseia no entendimento de que saúde é a ausência de doenças, vinculando-a aos serviços médicos e reforçando a utopia da erradicação das doenças, uma expressão do projeto da modernidade e do século das luzes.

Neste projeto de modernidade, García Martínez, Sáez Carreras e Escarbajal de Haro[119] apontam que o homem é concebido como o dominador da natureza, sendo esta destituída de sua realidade ontológica e convertida em objeto. Essa é uma visão instrumental da natureza, segundo a qual ela é um instrumento, no caso econômico, para o homem. Em uma visão contextual da saúde, na qual ela é entendida como o resultado de determinantes sociais, a natureza faz parte do social, mas não é algo que deva ser dominado, e sim compreendido como ser, e respeitado. A atuação educadora em saúde deve ter caráter pessoal e comunitário, no respeito a este indivíduo e a essa comunidade, tendo como base os recursos nela disponíveis, não para serem explorados, mas descobertos e potencializados de forma respeitosa. É desta forma que pode ser entendida a busca para que as pessoas e a comunidade tenham o controle sobre a própria saúde e sobre as condições sociais que afetam a comunidade.

---

119 Id. ibid.

Daí a compreensão de que não há um único estilo de vida saudável, uma vez que as respostas das pessoas aos determinantes sociais são distintas, da mesma forma como os próprios determinantes afetam distintamente as pessoas. "Os estilos de vida podem ser entendidos como um conjunto de pautas de significação e seus modos de expressão utilizados pelos grupos e indivíduos para se relacionarem com a sociedade em que vivem".[120] Por esse motivo que uma ação educativa em saúde deve acercar a discussão dos estilos de vida ao entorno das pessoas, de seus determinantes e de seus significados. O papel da educação em saúde é facilitar às pessoas a escolha das opções favoráveis para sua saúde, mas isto implica que estas opções existam. Então, essa educação necessita potencializar os fatores que sustentam estilos de vida saudáveis,[121] o que implica no desenvolvimento comunitário. Se não for assim, atuar-se-á em uma dimensão isoladora da pessoa de seu entorno, apenas visando ao fator individual, micro. Os autores apontam que, ao analisar os estilos de vida, se corre o risco de fabricar e propor interpretações cujo significado seja alheio às populações afetadas.

Eles lembram que o projeto da sociedade burguesa tem como eixo saúde-trabalho-riqueza, sendo a saúde vista como garantidora da força de trabalho. E refletem que o conceito de saúde da Organização Mundial da Saúde (OMS) – "um estado de completo bem-estar físico, mental e social e não somente ausência de afeções e enfermidades" – não apenas cumpriu o papel de ampliar o conceito de saúde para além do biológico, mas também foi apropriado de forma que possibilitou "um mercado da felicidade", com "especialistas de corpos e almas", para quem "o bem-estar individual já não é o resultado de opções vitais úteis, e sim a finalidade primordial

---

120 Id. ibid., p. 83. Tradução livre do original em espanhol: los estilos de vida pueden entenderse como un conjunto de pautas de significación y sus modos de expresión utilizados por los grupos e individuos para relacionarse con la sociedad en la que viven.

121 Mais adiante neste capítulo, veremos uma crítica aos "estilos de vida saudáveis" a partir de Verdi e Caponi (2005).

da própria existência".[122] Assim, este conceito acabou sendo apropriado de uma forma que contribuiu para negligenciar os determinantes sociais deste bem-estar e desta saúde, reforçando apenas a dimensão individual, o oposto de sua intenção. É com base nesta visão que os autores defendem a ação social educativa em saúde que passe da "ajuda" à capacitação para autoajuda, da dependência e paternalismo à autonomia das pessoas e das comunidades.

Caponi[123] também aponta a importância e os limites deste conceito de saúde da OMS centrado no "bem-estar". A importância está na inserção dos fatores mentais e sociais ao conceito de saúde, ampliando o fator biológico. Os limites estão no valor designado neste "bem-estar", uma normatividade centrada em um valor moral. O que é o bem-estar? A saúde passa a ser vista alinhada a valores considerados "positivos" dentro de uma normalidade; na nossa sociedade, seriam os valores de laboriosidade, convivência social, vida familiar, controle dos excessos. Assim, "desqualificar-se-á inevitavelmente como um desvalor, como um reverso patológico e doentio de tudo aquilo que se apresente como perigoso, indesejado ou que simplesmente é apresentado como um mal".[124] Desta forma, inserem-se as atuações profissionais em saúde para normalizar, "ajudar" os indivíduos a voltarem à norma do bem-estar, não se aceitando que eles não desejem este bem-estar preconizado, que desejem viver os riscos próprios da existência. Voltaremos a esta dimensão da "saúde como abertura ao risco" de Caponi logo adiante.

Neste mesmo sentido, o brasileiro Carvalho[125] aponta que a noção de "promoção à saúde" pode significar tanto rupturas como continuidades com a visão biologicista de saúde. As continuidades estão presentes quando considerado o

---

122 García Martínez, Sáez Carreras e Escarbajal de Haro (2000, p. 22). Tradução livre do original em espanhol: el bienestar individual ya no es el resultado de opciones vitales utiles, sino la finalidad primordial de la propia existencia.
123 Caponi (2003).
124 Id. ibid., p. 67.
125 Carvalho ([2004] 2009).

conceito de "risco". Carvalho traz duas definições de "risco": uma de Lupton,[126] em que se o define como "um produto/consequência da possibilidade de eventos adversos como um fator, naturalmente preexistente, passível de ser identificado por intermédio de cálculo e medidas científicas",[127] e outra de Almeida Filho e Rouquayrol,[128] como sendo

> um conceito estruturante da epidemiologia moderna, definido como a probabilidade de os membros de uma determinada população desenvolverem uma dada doença ou evento relacionado à saúde em um período de tempo, tendo o cuidado de observarem que, neste caso, a probabilidade se refere a modelos abstratos de distribuição populacional, não redutíveis às chances de um indivíduo particular diante de um diagnóstico ou prognóstico.[129]

Carvalho problematiza a noção de risco no sentido de que esta é uma construção social, e não algo dado, reportando-se ao olhar de Michel Foucault para compreender a noção de promoção à saúde e risco como controle social e construção de sujeitos. A definição do que é considerado "risco" em saúde é um constructo científico, advindo de um saber legitimado, e não neutro. "Como o risco é entendido em diferentes contextos sociais? Por que alguns perigos são selecionados como risco e outros não? Como os discursos e práticas que se dão em torno do risco operam a construção da subjetividade e da vida

---

[126] A obra analisada por Carvalho é de Lupton (1999). Para mais detalhes, vide referências no final deste livro.

[127] Carvalho ([2004] 2009, p. 672).

[128] A obra analisada por Carvalho é de Almeida Filho e Rouquayrol (1992). Para mais detalhes, vide referências no final deste livro.

[129] Carvalho ([2004] 2009, p. 672).

social?".[130] Estas são perguntas que o autor faz para refletir o processo de construção de verdades legitimadas e de fabricação dos sujeitos, na terminologia foucaultiana. Podemos tomar como exemplo a AIDS, quando se tornou conhecida no início dos anos 1980 no Brasil. Originariamente, ela foi identificada como doença cujo "grupo de risco" eram os homossexuais. Isso cumpriu um papel social de legitimação do preconceito, disseminando como verdades científicas o risco de se pertencer a determinados grupos, moralmente não aceitos e devidamente "medicalizados" em seu comportamento.

Marta Verdi e Sandra Caponi,[131] brasileira e argentina, respectivamente, ambas professoras e pesquisadoras no Brasil, também problematizam a promoção da saúde, e o fazem identificando dois aspectos: um enfoque comportamental e uma reflexão sobre a noção de qualidade de vida. O primeiro se refere a hábitos e estilos de vida ("estilos de vida saudáveis": "Saudáveis" para quem? Em que contexto social?), no sentido de se identificarem fatores de risco, o que coincide com a crítica de Carvalho. Promover a saúde aqui seria transformar estes comportamentos. O segundo se refere a determinantes gerais das condições de vida e saúde da sociedade. Promover a saúde seria mudar padrões de alimentação, habitação, saneamento, condições de trabalho, acesso à educação, apoio social para famílias e indivíduos e estilo de vida responsável. É um padrão coletivo de encarar a saúde com o olhar no ambiente físico, social, político, econômico, cultural. Tanto a antiga ideia de prevenir a doença, calcada nos riscos de adoecer, como a de promover a saúde, centrada no enfoque comportamental – com o cuidado de que ações calcadas no segundo enfoque de promoção da saúde (qualidade de vida) podem também cair no reducionismo do primeiro (comportamental), ao se transformar problemas sanitários complexos em desvios de conduta individuais –, se caracterizam pela vi-

---

130 Id. ibid., p. 673.
131 Verdi e Caponi (2005).

gilância, pelo controle e exclusão. A partir da defesa do bem-estar coletivo, restringem-se as liberdades individuais.

Isto traria tanto a culpabilização do indivíduo – advinda da mesma ideia de risco, citada anteriormente – como a subalternidade às medidas médicas, construindo-se um caminho de não autonomia. Assim é que as estratégias preventivas e de promoção "deveriam superar o caráter paternalista, transfigurando a compreensão de 'paciente' para a de sujeito detentor de direitos e poder de decisão".[132]

García Martínez,[133] em outra obra, considera a educação em saúde como primordial para a promoção da saúde, defendendo uma ação educativa que considere o direito das pessoas a determinar suas vidas. Partindo da análise de Massé,[134] de que a promoção da saúde é uma "empresa normativa", pergunta-se como justificar eticamente ações profissionais interventoras na vida e no entorno de vida das pessoas. E argumenta porque a promoção da saúde implica em uma ação normativa:

- Define os critérios que estabelecem a fronteira entre o normal e o patológico, produzindo uma construção normativa do conceito de saúde;
- Ao definir normativamente os riscos (condutas ou exposições), incentiva uma construção sociopolítica de censura às pessoas que desenvolvem práticas julgadas inaceitáveis;
- Veicula uma normatividade ética sustentada em valores que influenciam, explícita ou implicitamente, os profissionais que intervêm no campo da saúde.[135]

---

132 Id. ibid., p. 86.
133 García Martínez (2005).
134 A obra de Massé referenciada por García Martínez é de 1999. Para mais detalhes, vide referências no final deste livro.
135 García Martínez (2005, p. 37). Tradução livre do original em espanhol: (a) Define los criterios que establecen la frontera entre lo normal y lo patológico, produciendo una construcción normativa del concepto de salud. (b) Al definir normativamente los riesgos

É importante a noção do autor de que o "valor" está presente na atuação profissional, esteja ou não explicitado, pois o implícito determina tanto quanto o explícito. O autor defende que é melhor passar de uma normatividade ética implícita a uma ética normativa formulada em valores claramente explícitos. Também ressalto a crítica do autor à estigmatização dos considerados "culpados", aqueles que apresentam os chamados "comportamentos de risco", confundindo-se responsabilização do indivíduo por sua saúde com culpabilização, o que, além deste julgamento moral, também exime os poderes públicos de sua responsabilidade na resolução das questões de saúde. A responsabilidade defendida por García Martínez é aquela sem a qual não pode existir autonomia, e não uma responsabilidade individualista que irá desembocar em culpabilização.

E aqui se faz importante retomar a crítica de Caponi[136] ao modelo médico baseado na "compaixão" e sua contraposição à assistência baseada na "solidariedade", como já visto anteriormente. A autora diz que uma das características da assistência por compaixão é a falta de diálogo entre os profissionais e os sujeitos alvos de sua ação. Por se tratar de prática profissional, advinda da ciência moderna, se acresce um elemento, a racionalidade utilitarista:

> Tanto a razão utilitarista quanto a compaixão piedosa partem de uma certeza. Sempre agem invocando o nome e o bem daqueles que dizem assistir. Ambas conhecem esse bem de modo claro e distinto, ainda antes que seja solicitado. Ambas prescindem de argumentos, excluem as palavras e silenciam qual-

---

(conductas o exposiciones), alientan una construcción sociopolítica del reproche hacia las personas que desarrollan prácticas juzgadas inaceptables. (c) Vehiculiza una normatividad ética plasmada en los valores que influencian, explícita o implícitamente, a los profesionales que intervienen en el campo de la salud.

136 Caponi (2000).

quer diálogo fundado em perguntas e respostas razoáveis. A razão utilitarista, à medida que substitui essas razões pelas normas inapeláveis que prescreve. A compaixão piedosa, pela força do sentimento compartilhado, que aproxima os sofredores, sem necessitar da mediação dos argumentos.[137]

O diálogo, elemento primordial para ocorrer a conscientização freiriana, somente será necessário e possível se o outro, que sofre e demanda a assistência, for considerado em sua singularidade e individualidade, não sendo generalizado como membro de uma categoria, da qual o profissional já conhece as necessidades. Se considerarmos os seres como indivíduos como nós, então teremos que ouvi-los para conhecer suas necessidades e considerá-las, mesmo que se distanciem das nossas próprias. Este é o sentido da assistência pautada na solidariedade, não na compaixão, pois aquela implica em ver o outro como igual, como um sujeito. Outro ponto levantado pela autora da implicação de se pautar pela solidariedade, como já visto, é que ela pode ser considerada no âmbito da ética, ao contrário da compaixão, que pode legitimar a violência. "Sabemos que, a partir da ética, se faz necessário falar de agentes racionais e livres, capazes de fazer determinadas escolhas e de se considerarem responsáveis pelas mesmas".[138]

Finalizo este capítulo colocando uma reflexão de fundo para as práticas de saúde e, assim, também para as práticas educativas no campo de saúde: mais uma reflexão da filósofa Sandra Caponi, agora alicerçada nos questionamentos de Georges Canguilhem[139] (França, 1904-1995), em sua obra clássica *O normal e o patológico*, sobre a normalização da

---

137 Id. ibid., p. 41.
138 Id. ibid., p. 44.
139 Georges Canguilhem foi o orientador da tese de doutorado de Michel Foucault, publicada como *História da loucura*. Vê-se em Foucault, diversas vezes referenciado neste livro, a influência de Canguilhem.

saúde. E considero esta reflexão de fundo porque questiona o saber hegemônico, apontando para uma ação transformadora a partir de suas bases, em uma discussão claramente situada no campo da ética. Ela está presente em vários autores com quem já dialoguei neste capítulo e no anterior, assim como estará presente nos próximos. Nela encontramos o aprofundamento e a radicalização de se considerar a saúde como uma abertura ao risco.

Caponi[140] parte da crítica ao modelo biologicista de saúde, que a enxerga apenas com os olhos da estatística, do desvio, da norma, da frequência, dos resultados quantitativos, dos riscos. Não que se deva descartar esta visão de saúde, ela também é necessária, mas como complemento para uma visão muito mais complexa, que faça jus à multifatoriedade que caracteriza a vida, e que não reproduza julgamentos morais e preconceitos em relação ao considerado anormal e "de risco".

A autora parte da diferenciação de Canguilhem sobre o anormal e o patológico e, consequentemente, sobre o normal e o sano. A visão de saúde tradicional colocou como sinônimos estas noções, o que implicou em uma visão normalizadora, moralizadora e reducionista da saúde, com o consequente controle higienista dos profissionais da saúde para com as pessoas e as populações.

Canguilhem argumenta que nem tudo o que é anormal – o que foge da medida estatística normal – é patológico. O patológico não é um simples resultado de uma medida homogeneizadora que, como medida, sempre será arbitrária. O patológico implica em uma dimensão subjetiva, de a pessoa sentir-se incapacitada de se mover no mundo. E este sentimento não é igual para todas as pessoas, não obedece a uma medida. O patológico é o resultado de vários processos e se estabelece quando a pessoa sente que está reduzida sua capacidade de mover-se em um mundo que não é estático e nem equilibrado; ao contrário, é sempre desafiador, é sempre diverso, oferece constantemente suas "infidelidades" em meio às quais temos

---

140 Caponi (2003).

que nos mover. Quando este movimento é prejudicado, resulta a patologia. E patologia implica em sofrimento, uma dimensão subjetiva.

> Quando falamos de saúde, não podemos evitar as referências à dor ou ao prazer e, desse modo, estamos introduzindo, sutilmente, algo que escapa às medições, algo que Canguilhem chamou de "corpo subjetivo". Se considerarmos este elemento, não poderemos deixar de falar na primeira pessoa, ali, onde o discurso médico teima em falar na terceira.[141]

Neste sentido, Caponi diz que "somente eu" estou capacitado a dizer as coisas que sinto sobre minha saúde e cabe ao médico auxiliar o indivíduo a dar sentido a uma série de sintomas que ele não consegue decifrar, mas que, sem dúvida, é apenas ele que consegue dizer.

Então, o saudável não pode ser visto como sinônimo de normal, e todo conceito de saúde que separe o indivíduo ou a comunidade de seu meio resulta artificial, uma vez ser impossível compreender isoladamente um fenômeno que é intrinsicamente relacional. É sempre o indivíduo, em sua relação no mundo – num mundo cambiante, desafiador, irregular, "infiel" –, que dirá quais suas possibilidades e seus limites. Há condições que são sociais e impedem o indivíduo, ou toda uma comunidade, de conseguir viver superando os desafios da vida, como no caso das condições de pobreza material, de condições estressantes de vida. Elas são um obstáculo para que o indivíduo viva todas suas possibilidades, comprometendo sua saúde. Mas a saúde não pode ser medida com uma régua da estatística, que homogeneíza o impacto destas condições para todos. Tampouco se trata de uma visão liberal,

---

[141] Id. ibid., p. 60.

segundo a qual "a culpa" ou o "êxito" é do indivíduo. Simplesmente temos que abdicar da separação indivíduo-meio, pois se não entendermos o homem como "em relação", não vamos conseguir chegar nele.

Canguilhem entende a saúde como a possibilidade de o indivíduo enfrentar as situações novas, usando da margem de tolerância, ou de segurança, que todo indivíduo tem para enfrentar o mundo que habita. Então, longe da visão de culpabilização do indivíduo ao "correr riscos", o risco integra a vida, ele não é um erro, um desvio, um pecado, ele compõe a vida. Daí a crítica à visão de saúde que deseja restabelecer o indivíduo à normalidade perdida, da qual se desviou, e à moralização implicada nos "comportamentos de risco" e na defesa dos "hábitos saudáveis".

Caponi diferencia os riscos advindos da falta de acesso às condições sociais de vida daqueles que o indivíduo escolhe correr. Os primeiros dizem respeito a uma injusta distribuição da riqueza e devem ser elementos de intervenção da promoção da saúde. Os segundos implicam em enxergar o mundo e o homem com olhos mais abertos, de liberdade, e não moralizantes, concebendo a vida mais como incerteza e desafio do que como harmonia e padrão. Mas Caponi alerta que "tudo parece indicar que é mais simples normalizar condutas do que transformar condições perversas de existência".[142] No entanto, precisamos compreender que o individual e o meio estão implicados, e somente nesta implicação é que a saúde pode ser compreendida. "É no interior de um meio capaz de garantir uma existência saudável que o indivíduo pode constituir-se como um sujeito capaz de tolerar as infrações e as infidelidades a que estamos expostos".[143]

Assim, o anormal pode ser saudável, se ele possui a capacidade de se mover no mundo de modo a enfrentar seus desafios. O conceito de saúde se alarga para abrigar as variações e as anomalias. "Pensar a saúde a partir de variações

---

142 Id. ibid., p. 64.
143 Id. ibid., p. 64.

e de anomalias implica negar-se a aceitar um conceito que se pretenda de valor universal e, consequentemente, implica negar-se a considerar a doença em termos de desvalor ou contravalor".[144] Uma anomalia "só poderá ser considerada patológica se estiver vinculada a um sentimento direto e concreto de sofrimento, 'um sentimento de vida contrariada'".[145] Assim, o patológico implica em sentimento de sofrimento e impotência, esse "sentimento de vida contrariada". A saúde implica "muito mais do que a possibilidade de viver em conformidade com o meio externo, implica a capacidade de 'instituir novas normas em situações novas'".[146]

Esta visão requer deixar de moralizar a saúde e a doença, de estigmatizar o doente e de aproximar a doença e o doente ao perigoso. Não é um crime adoecer, faz parte da vida e, inclusive, faz parte da vida do indivíduo correr riscos que podem resultar no seu adoecimento. A vida não é reta, e o risco, longe de ser "imoral", a compõe. Para Canguilhem, "é normal" abusar da abundância de vida que temos, pois temos um "a mais" que nos permite ser abusivos com nossa vida. Abusar desta vida é normal, assim como restabelecer-se da doença. Não é anormal adoecer.

Como já vimos, Caponi considera que o termo "bem-estar" presente na definição de saúde da OMS implica em uma separação valorativa entre o que é considerado que irá levar ao bem-estar e aquilo que o impede. Aquilo que leva ao bem-estar é considerado saudável e aquilo que o impede é considerado doentio, patológico, errado, perigoso.

> O certo é que os infortúnios, assim como as doenças, sejam eles procurados ou desejados, fazem parte de nossa existência e não podem ser pensados em termos de crimes e de castigos. Esta é a

---

144 Id. ibid., p. 62.
145 Id. ibid., p. 63.
146 Id. ibid., p. 65.

dimensão que negamos quando pensamos nas infrações, em termos de doença, quando assistimos medicamente aos "indesejáveis", quando consideramos como objeto de medicalização aquelas pessoas que não desejam, ou simplesmente não procuram conquistar esse amplo e equívoco valor, que chamamos de "bem-estar".[147]

Há que se considerar a existência de pessoas que não desejam viver neste padrão de bem-estar, assim como há de se considerar que a vida está cheia de acidentes possíveis, que não existe uma "saúde perfeita", e ver a saúde como a capacidade de enfrentar as situações imprevistas. Os infortúnios não são patologias, eles poderão resultar nelas dependendo da forma como o indivíduo se relaciona com eles. Há que se desmoralizar a visão de saúde.

Esta desmoralização implica no que Canguilhem fala de "discrição das relações sociais", a não invasão na vida das pessoas, uma vez que, se o risco faz parte da vida e da saúde, não são todas as situações de risco que devem ser alvo das ações dos profissionais que atuam no campo da saúde, ações que levaram à tão conhecida lógica higienista de controle das populações e de condutas de risco. É na discrição cotidiana da vida singular que a saúde e a doença se desenvolvem. Mesmo que as condições de vida de toda uma comunidade sejam precárias, a doença é um limite pessoal, quando a pessoa estabelece que não mais consegue enfrentar suas vicissitudes. A indiscrição de uma ação comunitária homogeneizadora e julgadora não cabe na visão de que correr riscos faz parte da vida e que o processo vital ocorre no silêncio do cotidiano. Para Caponi, isto precisa nos fazer pensar sobre o que nos autoriza a invadir a vida das pessoas e a "normalizá-las" se-

---

147 Id. ibid., p. 67.

gundo padrões moralizantes implícitos na atuação dos profissionais da ciência.

    Esta crítica sobre a atuação dos profissionais no campo da saúde vai na mesma direção da crítica que vimos no campo da atuação do educador social. Vejamos agora as reflexões advindas a partir da educação popular em saúde.

> [...]
> Que no son, aunque sean.
> Que no hablan idiomas, sino dialectos.
> Que no profesan religiones, sino supersticiones.
> Que no hacen arte, sino artesanía.
> Que no practican cultura, sino folklore.
> Que no son seres humanos, sino recursos humanos.
> Que no tienen cara, sino brazos.
> Que no tienen nombre, sino número.
> Que no figuran en la historia universal, sino en la crónica roja de la prensa local.
> Los nadies, que cuestan menos que la bala que los mata.
>
> ("Los nadies", 1989 – Eduardo Galeano, uruguaio)

EDUCAÇÃO POPULAR EM SAÚDE NO BRASIL

Falar sobre educação popular em saúde requer, primeiramente, passar pelas bases da educação popular, nem sempre sendo ela a que é realizada no campo da saúde, ainda que esta tenha grande responsabilidade no desenvolvimento da educação popular no Brasil.

A educação popular é um fenômeno latino-americano, originado no final dos anos 1950, no contexto de pobreza material – oriunda da expropriação capitalista global –, e, logo depois, no contexto opressor ditatorial de vários governos militares da América Latina, entre as décadas de 1960 e 1980. Neste contexto em que a educação popular se desenvolveu, é fundante a leitura política sobre o continente americano conhecido como "latino", em sua histórica subordinação colonial aos países europeus a partir do final do século XV, com a descoberta da América e o início da "conquista" do centro-sul deste continente.

O Brasil era habitado exclusivamente por índios até 1500 (e a América em geral até 1492), quando os portugueses aqui chegaram e iniciaram um processo de colonização de exploração, centrado na extração de seus recursos naturais para serem comercializados na Europa. A partir de 1808, quando a família real portuguesa se instalou no Brasil, fugindo do domínio de Napoleão Bonaparte, começou o povoamento efetivo do país, em um processo civilizatório excludente de índios e negros africanos. O Brasil então começou a se desenvolver como colônia de Portugal, agora no sentido não apenas de exploração, mas de povoamento, uma vez que a família real aqui vivia. A independência do Brasil se deu em 1822, e a proclamação da República em 1889, apenas um ano após a abolição da escravatura negra, tendo sido o Brasil o último país americano a libertar os escravos.

A república brasileira iniciou sua trajetória pautada nos poderes dos grandes fazendeiros de cacau, cana-de-açúcar e café, produtos tradicionais brasileiros. Para o educador brasileiro Paulo Freire (1921-1997), esse contexto histórico desde a colonização foi responsável pela caracterização do Brasil como "sociedade fechada", sem experiências democráticas. O poder econômico dos "coronéis" – grandes fazendeiros assim chamados por sua fortuna e poder sobre os trabalhadores de suas terras, primeiramente os escravos, depois os "homens livres", que não recebiam salários suficientes para sobreviver fora do domínio dos "coronéis" – se traduziu em poder político. Isto se deu a partir do financiamento de candidatos aos cargos executivos e pelo paralelo "voto de cabresto", a obrigatoriedade de os trabalhadores de suas terras votarem em seus candidatos sob pena de rompimento da relação empregatícia, mais caracterizada como trabalho escravo, mas apresentando o viés de "proteção" às famílias de trabalhadores, uma vez que os coronéis as proveram, por "favor", de atendimento médico quando necessário, assim como de pequenos "favores". Os "coronéis", ainda hoje vigentes, eram os grandes "favorecedores" daquelas famílias e os grandes poderosos da região onde se situavam suas vastas terras.[148]

Em meados do século XX, com a chegada ao Brasil da industrialização dos países europeus e dos Estados Unidos, o cenário econômico mudou, abrindo possibilidades de mudança também na estrutura política. No que pese a estrutura in-

---

148 Freire (2009).

dustrial vir de fora de nosso país, ela possibilitou a relativização do poder dos grandes coronéis agrários. E é nesse período, início da segunda metade do século XX, que Freire iniciou seu trabalho de alfabetização de adultos – trabalhadores pobres – na região mais pobre do país, o Nordeste, justamente a região onde prioritariamente se estabeleceu o "coronelismo" e onde Freire nasceu. Seu trabalho, realizado a partir dos Círculos de Cultura – espaços alternativos à escola, em que se problematizava o mundo concreto dos educandos e onde todos podiam "dizer a sua palavra" –, tinha o sentido de libertação dos oprimidos, no entendimento de que, através de uma alfabetização que não ensinasse apenas a ler a palavra, mas que esta viesse da primazia da leitura do mundo, os oprimidos poderiam transformar o mundo no processo de libertação da opressão. E por que os oprimidos? Porque, em uma leitura materialista histórica, esse mundo não "interessa" aos oprimidos, somente aos opressores, uma vez que a interpretação do mundo se dá mediante o lugar que nele ocupa o sujeito.

Assim,

> educação popular é um jeito especial de conduzir o processo educativo. No âmbito internacional o Brasil teve papel pioneiro na constituição do método da educação popular, o que explica em parte a sua importância, aqui, na redefinição de práticas sociais dos mais variados campos do saber. Ela começa a se estruturar como corpo teórico e prática social no final da década de 1950, quando intelectuais e educadores ligados à Igreja Católica e influenciados pelo humanismo personalista que florescia na Europa no pós-guerra se voltam para as questões populares. Paulo Freire foi o pioneiro no trabalho

de sistematização teórica da educação popular.[149]

No Brasil, as experiências de alfabetização de adultos de Paulo Freire, iniciadas no final dos anos 1950, foram o alicerce para a educação popular. Em 1963, ele desenvolveu uma experiência de alfabetização de adultos na cidade de Angicos, no estado do Rio Grande do Norte, na região nordeste brasileira, em que 300 trabalhadores foram alfabetizados em apenas 45 dias. Esta experiência ganhou muita repercussão no país. Iniciava-se o que ficou conhecido como método Paulo Freire de alfabetização, que tinha como linha mestra a conscientização do oprimido no intuito de construir um país com justiça social, o que implica em menor desigualdade e maior democracia. Até que se sucedeu o Golpe Civil-Militar em março de 1964, o qual perdurou até 1979, período em que se iniciou a transição para a abertura política, a qual se instalou em 1985, com a volta das eleições para Presidência da República, ainda que de forma indireta. As primeiras eleições diretas para a presidência no país após a ditadura se deram em 1989. Em 1968, em seu exílio no Chile, Paulo Freire escreve a *Pedagogia do oprimido*, publicada primeiramente nos Estados Unidos, país onde também se exilou.

As experiências educativas dos Círculos de Cultura foram o gérmen da educação popular no Brasil. Nos anos de ditadura, a saúde foi um dos setores mais atuantes no meio popular, com a inserção de profissionais nos bairros pobres, com vistas à assistência em saúde onde os serviços de saúde não chegavam. Segundo o médico educador popular Eymard Mourão Vasconcelos,[150] um dos construtores da educação popular em saúde do Brasil, a ação comunitária da Igreja Católica, influenciada pela Teologia da Libertação,[151] e os movi-

---

149 Vasconcelos (2011, p. 85).
150 Id. (2001).
151 "Teologia da Libertação é uma corrente teológica cristã nascida na América Latina, depois do Concílio Vaticano II e da Conferência de Medellín (Colômbia, 1968), que parte da premissa de que o Evangelho exige a opção preferencial pelos pobres e de especificar que a teologia, para

mentos sociais foram centrais nestas ações. A partir dos anos 1970 no Brasil, foi-se criando a interiorização dos serviços de saúde, seja pela prática individual de alguns profissionais da saúde, insatisfeitos com o modelo biologicista tradicional, seja pela multiplicação dos Serviços de Atenção Primária à Saúde. Estas experiências tiveram como orientação a educação popular, voltada para a educação das pessoas excluídas no seio do modelo econômico vigente, com o objetivo de mediar sua formação como sujeitos na transformação da realidade, num contexto da ação das comunidades eclesiais de base e dos movimentos sociais na luta contra a ditadura militar. A hegemonia do poder médico na equipe de saúde é rompida nesta perspectiva, e as pessoas comuns são concebidas como portadoras de um saber necessário para a resolução dos problemas de saúde e na sua promoção, pois a saúde é vista de uma forma alargada.

A educação popular no setor de saúde, para Vasconcelos,[152] foi fundamental para redirecionar sua prática, afirmando o autor haver um elemento inovador e pioneiro nas experiências brasileiras e latino-americanas de educação em saúde. Nos serviços de saúde, em que também se pratica educação popular, ela tem possibilitado a ampliação do conceito de saúde e a correlata valorização do saber popular. Para o autor, a educação popular em saúde não pode mais ficar restrita a experiências alternativas e transitórias, mas sim ser incorporada na atuação sanitária hegemônica, sendo que o momento atual da Reforma Sanitária brasileira (consubstanciada em 1990 com a criação do Sistema Único de Saúde SUS), de discussão e experimentação de propostas reorientadoras do modelo de atendimento dos serviços, possibilita esta inserção. Desta forma, as experiências em educação popular

---

concretar essa opção, deve usar também as ciências humanas e sociais. É considerada um movimento supradenominacional, apartidário e inclusivista de teologia política, que engloba várias correntes de pensamento que interpretam os ensinamentos de Jesus Cristo em termos de uma libertação de injustas condições econômicas, políticas ou sociais" (fonte: https://pt.wikipedia.org/wiki/Teologia_da_Liberta%C3%A7%C3%A3o. Acesso em: 24 ago. 2016).

152 Vasconcelos (2001).

podem ser balizadoras para a remodelação dos serviços de saúde, sobre a qual, para o autor, já existe muito conhecimento acumulado no Brasil, sendo necessária sua generalização.

Em 2014, a educação popular é oficializada como política pública no Brasil, e creio que isto muito se deve ao lugar que ela ocupou no setor da saúde. Esta oficialização abre um intenso debate sobre suas vantagens e ameaças. As vantagens se referem ao seu potencial de espraiamento e as desvantagens, aos riscos de manutenção das bases teóricas e políticas de uma proposta que nasceu, justamente, como contestadora da exclusão, vinda para dar voz aos excluídos. Poderá ela se manter fiel a estas bases sendo oficial? Não é uma discussão que desenvolverei neste trabalho, ainda que esteja convencida da importância de nos mantermos vigilantes do percurso que a educação popular está desenvolvendo nesta nova condição.

Para Vasconcelos, "a educação em saúde é o campo de prática e conhecimento do setor saúde que se tem ocupado mais diretamente com a criação de vínculos entre a ação médica e o pensar e fazer cotidianos da população".[153] Esta prática, até a década de 1970, foi caracterizada por uma ação autoritária para com a população, no sentido de imposição de normas e comportamentos. A partir dos anos 1970, "a participação de profissionais de saúde nas experiências de educação popular (...) trouxe para o setor saúde uma cultura de relação com as classes populares que representou uma ruptura com a tradição autoritária e normatizadora da educação em saúde".[154]

Passadas tantas décadas do início da estruturação da educação popular no Brasil, e passado o período de ditaduras militares na América Latina, com a consequente redemocratização de nossas sociedades, é importante retomar o conceito, ou o sentido, hoje, da educação popular. Vasconcelos inicia dizendo o que ela não é: "não é o mesmo que 'educação informal'".[155] Isso porque propostas educativas efetuadas

---

153 Id. ibid., p. 14.
154 Id. ibid., p. 14.
155 Id. ibid., p. 15.

fora do espaço formal da escola também podem ser semelhantes às práticas escolares em seu aspecto de verticalização das relações educador/educando. Baseando-se em Brandão,[156] o autor afirma que a educação popular visa à ação conjunta com categorias de sujeitos subalternos na sociedade, para a organização do trabalho político com a finalidade de conquista de sua liberdade e de seus direitos.

> A educação popular é um modo de participação de agentes eruditos (professores, padres, cientistas sociais, profissionais de saúde e outros) neste trabalho político. Ela busca trabalhar pedagogicamente o homem e os grupos envolvidos no processo de participação popular, fomentando formas coletivas de aprendizado e investigação de modo que promova o crescimento da capacidade de análise crítica sobre a realidade e o aperfeiçoamento das estratégias de luta e enfrentamento.[157]

Esta definição deixa claro que a educação popular se faz com educadores (agentes eruditos) engajados com a causa das categorias de sujeitos subalternos, em um trabalho pedagógico de conscientização, que leve a uma ação política destes sujeitos. Nesta ótica, é central a valorização do saber das classes populares, advindo de sua inserção na vida cotidiana, no enfrentamento de seus problemas e na transformação da realidade. Esta valorização é o que torna esta população ativa na relação educativa em saúde, assegurando que o processo pedagógico – e não apenas seu conteúdo – seja revolucionário e assegurando a participação e a diversidade. Os educadores

---

156 A obra referida de Carlos Rodrigues Brandão é de 1982. Para mais detalhes, vide referências no final deste livro.
157 Vasconcelos (2001, p. 15).

são os "facilitadores" e, no dizer de Freire, o mediador é o próprio mundo, sobre o qual educadores e educandos dialogam no ato da problematização, o que forma o processo da conscientização da educação libertadora. O fim da educação popular é a formação de sujeitos atuantes para a transformação da sociedade.

Esta ideia remete ao atual conceito de empoderamento. Verdi e Caponi, ao discutirem a promoção da saúde sob o olhar da bioética, definem: "Empowerment, traduzido como empoderamento, é entendido como o processo de capacitação para a aquisição de poder técnico e político por parte dos indivíduos e da comunidade".[158] Carvalho,[159] ao situar o termo no âmbito da promoção da saúde, estabelece dois enfoques para ele: o psicológico, que ressalta o sujeito como alvo das ações educativas, o que pode fazer com que se percam as necessidades de transformações no meio, das condições sociais de existência; e o *empowerment* comunitário, inspirado também nas concepções educativas de Paulo Freire, implicando na "disputa pelo controle de recursos e na redistribuição de poder",[160] o que envolveria a participação, o controle dos indivíduos e comunidades, entrando em pauta a capacidade de indivíduos falarem sobre seus próprios problemas, sobre seus próprios processos.

O empoderamento é um conceito que se situa bem no âmbito da educação popular, possibilitando aos sujeitos usarem sua voz e terem o controle das questões sociais em que estão inseridos. E, para mediar a formação destes sujeitos empoderados, a educação popular deve partir de seu saber:

> Um elemento fundamental do seu método [da educação popular] é o fato de tomar como ponto de partida do processo pedagógico o saber anterior

---

158 Verdi e Caponi (2005, p. 85).
159 Carvalho ([2004] 2009).
160 Id. ibid., p. 675.

> das classes populares. No trabalho, na vida social e na luta pela sobrevivência e pela transformação da realidade, as pessoas vão adquirindo um entendimento sobre a sua inserção na sociedade e na natureza. Este conhecimento fragmentado e pouco elaborado é a matéria-prima da educação popular. A valorização do saber popular permite que o educando se sinta "em casa" e mantenha sua iniciativa. Nesse sentido, não se reproduz a passividade usual dos processos pedagógicos tradicionais. Na educação popular não basta que o conteúdo discutido seja revolucionário, se o processo de discussão se mantém vertical.[161]

Para Paulo Freire esta é uma questão de partida: não basta o conteúdo ser revolucionário se o método não o for; da mesma forma como não basta desejar a revolução primeiro para depois se vivenciarem experiências revolucionárias. Não se pode construir a libertação com métodos opressores.

Temos falado em Freire sem, contudo, entrar em seu pensamento, como se já fosse conhecido. E, de fato, ele é muito conhecido, mas talvez por isso mesmo se parta do entendimento de que "todos conhecem o criador do método de alfabetização de adultos", quando, na verdade, alfabetização de adultos nunca foi um método, e talvez também sua "conscientização" seja um termo um tanto banalizado e apropriado de forma distanciada de seu sentido. Vamos, então, nos deter em alguns de seus conceitos centrais, para que possamos, a partir deles, continuar nossas reflexões em educação popular em saúde no Brasil.

---

161 Vasconcelos (2001, p. 15).

Para Freire, a dialogicidade é a essência da educação como prática da liberdade, valor máximo da educação problematizadora. Diálogo implica em pronunciar a palavra, e esta traz consigo as dimensões mutuamente implicadas de ação e reflexão. "Não há palavra verdadeira que não seja práxis. Daí que dizer a palavra verdadeira seja transformar o mundo".[162] Porque a vocação ontológica do homem é "ser mais", "existir, humanamente, é *pronunciar* o mundo, é modificá-lo. O mundo *pronunciado*, por sua vez, se volta problematizado aos sujeitos *pronunciantes*, a exigir deles novo *pronunciar*".[163] Assim, todos podem dizer a palavra, porque é condição da existência humana, e não privilégio de alguns. "Precisamente por isto, ninguém pode dizer a palavra verdadeira sozinho, ou dizê-la *para* os outros, num ato de prescrição, com o qual rouba a palavra aos demais".[164] Dessa forma, "o diálogo é este encontro dos homens, mediatizados pelo mundo, para *pronunciá-lo* (...)".[165] Pelo diálogo, os homens ganham significado como homens, sendo-lhes uma exigência existencial.

A educação problematizadora é aquela pautada na dialogicidade, na comunhão dos homens para entender e modificar o mundo, necessariamente dependente da palavra de todos os envolvidos no processo educativo, cuja polaridade educador e educando dá lugar ao educador-educando e ao educando-educador. Ao contrário da "educação bancária", em que não há diálogo, pois há um entendimento de que a palavra só pode ser pronunciada por quem "tem algo a dizer", no caso, o educador que "deposita" no educando a palavra verdadeira. A conscientização implica, então, na perene leitura e ação sobre o mundo, atingindo-se formas críticas de enxergá-lo e de se posicionar, alcançada em situação de diálogo.

Na prática libertadora, o diálogo é central, mas para se ter diálogo, no sentido freiriano, é necessário ter fé nos homens, fé

---

162 Freire (1988, p. 77).
163 Id. ibid., p. 78, grifos no original.
164 Id. ibid., p. 78, grifo no original.
165 Id. ibid., p. 78, grifo no original.

em seu poder de fazer e refazer, em sua vocação de "ser mais". O educador dialógico se nutre da fé nos homens, mas essa fé não é ingênua, uma vez que está enraizada e consubstanciada na problematização e criticidade, que envolve a conscientização. Dessa forma, o conceito de conscientização ganha o sentido de preparar as pessoas, no plano da ação, para a luta contra obstáculos à sua humanização, por isso a educação problematizadora é também libertadora. É por meio da conscientização que haverá a possibilidade de se inserir no processo histórico como sujeito e de buscar sua autonomia e liberdade.

> A conscientização é isto: tomar posse da realidade; por esta razão, e por causa da radicação utópica[166] que a informa, é um afastamento da realidade. A conscientização produz a desmitologização. (...) O trabalho humanizante não poderá ser outro senão o trabalho da desmitificação. Por isto mesmo a conscientização é o olhar mais crítico possível da realidade, que a *desvela* para conhecê-la e para conhecer os mitos que enganam e que ajudam a manter a realidade da estrutura dominante.[167]

Freire fala dos níveis da consciência na relação homem/mundo. O primeiro nível seria a consciência intransitiva, própria de indivíduos que vivem o limite de sua existência biológica, cujo objeto de consciência seria sua sobrevivência física. Depois viria a consciência transitiva ingênua, em que o homem consegue pensar-se no mundo, mas ainda está imerso nele. Por

---

[166] Para Freire, utopia é um ato de conhecimento que exige o conhecimento crítico da realidade: "Para mim o utópico não é o irrealizável; a utopia não é o idealismo, é a dialetização dos atos de denunciar e anunciar, o ato de denunciar a estrutura desumanizante e de anunciar a estrutura humanizante. Por esta razão a utopia é também um compromisso histórico" (id., 2008, p. 32).
[167] Id. ibid., p. 33, grifo no original.

fim, a consciência transitiva crítica seria a que possibilita ao homem inserir-se no mundo, ver seu lugar nele, ver-se como produto e produtor do mundo, emergindo nele. Dependendo, então, do nível de consciência com o qual se apreende o mundo, haverá uma ação do homem nele.

Para Freire, o pensar ingênuo vê o mundo estaticamente, numa nostalgia do passado, acomodando-se a um hoje normalizado. No pensar crítico, a transformação da realidade deve ser permanente, para a permanente humanização dos homens, uma vez o mundo ser visto em constante transformação. A liberdade em Freire é a realização da vocação ontológica do homem, que é o "ser mais", o transcender-se. O "ser mais" se realiza em comunhão com outros homens, pelo diálogo, o que possibilita a conscientização. Esta se dá com a consciência transitiva crítica, necessária para a libertação, criticidade que implica na emersão do homem da situação que o "submergia" e na qual se via como passivo. Dessa forma, a conscientização leva à transformação do mundo.

A questão fundamental que Freire aponta é a compreensão de que os oprimidos não são ignorantes, são portadores de um saber, mas, em sua maioria, de um saber característico da consciência intransitiva ou da consciência transitiva ingênua. Seria tarefa de uma educação libertadora a passagem para a consciência transitiva crítica, através da conscientização. A educação libertadora seria uma ação para o alcance pelo homem da consciência crítica, no processo de conscientização. Ela se desenvolveria pelo diálogo, sendo ela mesma possibilitadora do diálogo e, portanto, vindo a promover a experiência democrática.

Experiência democrática possuidora de um caráter de crítica à situação de "colonizados" dos povos da América Latina, a colonização das pessoas, seja de forma física, pela escravização, seja de forma simbólica, pela colonização do pensamento, da subjetividade, faz o colonizado, oprimido, ter medo da liberdade. O pensamento do colonizador "estende" seu saber ao colonizado, não havendo "comunicação". Daí a crítica de Freire[168] aos trabalhos extensionistas, no caso, do extensionista rural, mas que caracteriza não só este trabalho, mas também o da extensão universitária e o de saúde, a partir do modelo biologicista, assim como o do educador "bancário". Nesta "extensão", há a "invasão cultural" do mundo do colonizado e a tentativa de ganhá-lo, convencê-lo, a partir de *slogans* propagandísticos. Invade-se o mundo das pessoas quando não se considera este próprio mundo como referência daquelas pessoas, e sim o mundo do colonizador, o qual é colocado como uma referência universal. O projeto etnocêntrico europeu, e mais modernamente estadunidense, é um projeto invasor. A consequência é que os invadidos querem se parecer com os invasores (Freire, baseado em Frantz Fanon, o qual veremos no capítulo seguinte, diz que o oprimido internaliza o opressor), considerados provenientes do "centro". As pessoas não querem viver nas margens, e sim no centro, aceitando a ideia de centro-periferia vinda da centralidade de quem domina e de quem nomina o mundo a partir de si mesmo. Voltarei a me deter nesse ponto dos dualismos (norte-sul, centro-periferia, desenvolvido-subdesenvolvido, avançado-atrasado...) no próximo capítulo, sobre a perspectiva decolonial. Por ora, aspectos da perspectiva decolonial serão vistos apenas o necessário para compreendermos o terreno crítico da educação popular, a qual precisa ser entendida como um projeto latino-americano. Também o próprio termo "latino-americano" será problematizado no capítulo posterior.

É necessário, então, compreendermos que a educação popular é um projeto nascido nas terras latino americanas, que propõe a formação do povo "às margens" – excluídos do acesso aos bens materiais de existência – com o objetivo de que este povo possa agir para mudar a estrutura social excludente. No seu âmago, ela traz a identidade de povo colonizado, assim mantido "à margem", invadido em seu território, em sua cultura, em seu pensamento, em sua religião, em seu idioma, em sua forma de cuidar de sua saúde,

---

168 Id. (2006).

em sua subjetividade, em sua forma de existir. E também, historicamente, aniquilado fisicamente, com sua memória apagada. Nós, latino-americanos, nem sequer sabemos das centenas de tribos indígenas que habitavam a América na ocasião do descobrimento europeu. Falamos genérica e indistintamente de "indígenas", da mesma forma que genérica e indistintamente o mundo – e também nós – fala dos "africanos", como se África não fosse um continente dividido em diferentes países, igual todos os demais continentes. Mas para se referir a um "africano" basta esta identidade, igual a um "indígena". Diferentemente, ao nos dirigirmos a um europeu, não lhe deixamos uma identidade genérica, nosso conhecimento sobre seu continente nos permite especificá-lo como alemão, português, espanhol... Todavia a um "africano" basta esta identidade genérica. Nas escolas brasileiras se ensinam mais as capitais dos países europeus que as africanas, e quase nada é ensinado sobre a diversidade das tribos indígenas. No entanto, o "americano" – confundido com "estadunidense", como se "América" fosse EUA – é fruto da mestiçagem do índio com o branco e com o negro, em igual proporção. Como bem situa Aníbal Quijano, um dos expoentes da perspectiva decolonial,

> por um lado, no momento em que os ibéricos conquistaram, nomearam e colonizaram a América (cuja região norte, ou América do Norte, colonizarão os britânicos um século mais tarde), encontraram um grande número de diferentes povos, cada um com sua própria história, língua, descobrimentos e produtos culturais, memória e identidade. São conhecidos os nomes dos mais desenvolvidos e sofisticados deles: astecas, maias, chimus, aymaras, incas, chibchas etc. Trezentos anos mais tarde, todos eles ficaram reunidos numa identidade

apenas: índios. Esta nova identidade era racial, colonial e negativa. Assim também aconteceu com os povos trazidos forçadamente da futura África como escravos: ashantis, yorubas, zulus, congos, bacongos etc. No lapso de trezentos anos, todos eles não eram já senão *negros*.[169]

Como diz Petronilha Beatriz Gonçalves e Silva,[170] os próprios professores são formados com uma visão eurocêntrica do mundo, nos valores próprios dos grupos dominantes, e quando se deparam com alunos provenientes dos grupos não dominantes, a ação que lhes é dirigida é no sentido de convertê-los aos valores deste grupo, pensados como bons para toda a humanidade. "Atuávamos nas salas de aula como se vivêssemos numa sociedade monocultural, embora a multiculturalidade do povo brasileiro estivesse ali presente".[171]

A educação popular é um projeto educativo orientado para a libertação da colonialidade, da opressão, da dominação. É um projeto educativo para o fortalecimento da identidade formada muito antes da chegada do branco europeu, para a ação social na construção de uma sociedade com memória de suas raízes, com construção crítica de sua identidade – esta sendo fruto, hoje, de todo um processo dominador. A educação popular necessariamente parte da voz silenciada dos

---

169 Quijano ([2000] 2016, p. 220-221, grifo do autor). Tradução livre do original em espanhol: Por un lado, en el momento en que los ibéricos conquistaron, nombraron y colonizaron América (cuya región norte o Norte América, colonizarán los británicos un siglo más tarde), hallaron un gran número de diferentes pueblos, cada uno con su propia historia, lenguaje, descubrimientos y productos culturales, memoria e identidad. Son conocidos los nombres de los más desarrollados y sofisticados de ellos: aztecas, mayas, chimús, aymaras, incas, chibchas, etc. Trescientos años más tarde todos ellos quedaban reunidos en una sola identidad: indios. Esta nueva identidad era racial, colonial y negativa. Así tambíén sucedió con las gentes traídas forzadamente desde la futura Africa como esclavas: ashantis, yorubas, zulús, congos, bacongos, etc. En el lapso de trescientos años, todos ellos no eran ya sino *negros*.
170 Gonçalves e Silva (2014).
171 Id. ibid., p. 20.

excluídos. São essas vozes silenciadas que precisam ser buscadas para que um verdadeiro "diálogo" com as vozes daqueles que ocupam um lugar não excludente na sociedade – em geral, os brancos e intelectualizados – possa construir um projeto de resistência a uma dominação que não cessou, que perdura com outros matizes e com outros dominadores. Projeto que talvez parta destes "brancos intelectualizados" comprometidos com a mudança social, mas que não pode atingir aos "silenciados" como uma dádiva, e sim como um projeto emancipador que necessita de ambas vozes para ser construído.

Neste sentido, uma das tarefas da educação popular é "sulear" o conhecimento. Araújo-Olivera[172] explica que desde a crítica da colonialidade – a qual Paulo Freire também se baseou, dizendo que o Norte norteia o Sul – se problematiza a origem do conhecimento legitimado, modernamente, o conhecimento científico. O termo "sulear", contrapondo-se ao "nortear", "expressa a intencionalidade de dar lugar e se abrir para diferentes e diversas fontes de produção de saberes e conhecimentos, e, sem desqualificar ou menosprezar nenhuma, colocá-las em diálogo".[173]

> Tradicionalmente, nortear, no sentido de fornecer ou imprimir orientação no campo científico, tem significado adotar teorias, enfoques, compreensões, intervenções e soluções geradas a partir de problemáticas, ideologias e entendimentos próprios da Europa, primeiro, e da região do Atlântico-Norte, depois, regiões estas que impuseram e mantiveram a colonialidade das outras regiões. Mais do que isso, reforçaram a ideia de superioridade/inferioridade tomando a si próprios

---

172 Araújo-Olivera (2014).
173 Id. ibid., p. 48.

como referência, modelo padrão ou "normalidade".[174]

Oliveira, Túbero e Nogueira,[175] ao estudarem relações étnico-raciais, também apontam o conhecimento eurocentrado colonizador e logo depois o nordatlântico, que estabeleceu a hegemonia branca como padrão civilizatório, considerando todas as diversas formas de vida como inferiores, processo desqualificador que continua gerando profundos impactos nas subjetividades dos povos não pertencentes a este padrão. E, tal como Freire, que afirmou que na relação educativa libertadora o opressor liberta o oprimido, os autores apontam que ensinar relações étnico-raciais na escola permite que todas as crianças, negras e brancas, conheçam a história do país, o que favorece não só a identidade das crianças negras como afirmativa, e não pautada em um complexo de inferioridade, mas também, oferecendo o mesmo conhecimento às crianças brancas, possibilita a elas libertarem-se do complexo de superioridade que lhes foi sendo incutido, humanizando a todos.

Esta reflexão aponta para a necessária criticidade sobre os conhecimentos acadêmicos ditos "universais", como se a ciência não tivesse pátria, raça, classe, gênero, identidade. Note-se a conhecida, e hoje também criticada, periodização da chamada "história universal" em Pré História (período anterior ao advento da escrita, determinando a centralidade das culturas letradas em detrimento das culturas orais), Antiga, Moderna, Contemporânea. Todos os marcos de passagem de um período a outro são europeus: queda do Império Romano do Ocidente, queda do Império Romano do Oriente, Revolução Francesa. O que dizer da própria ideia de Renascimento como o renascer da cultura clássica, greco-romana, como se Grécia e Roma não tivessem sofrido uma mistura cultural de todos os povos que conquistaram e/ou com os quais conviveram? Esta é a periodização da "história universal". No mesmo

---

174 Id. ibid., p. 48-49.
175 Oliveira, Túbero e Nogueira (2014).

sentido é a denominação de "Novo Mundo" para a América, como veremos no capítulo sobre a perspectiva decolonial. A América é tão antiga quanto a Europa, o "Velho Continente", pois era também habitada por seus povos indígenas; todavia, só passou a ser conhecida pelos europeus no final do século XV. Daí sua "novidade"... A questão colonialista que se coloca é que também para os americanos seu (nosso) continente é o "novo".[176] Não reconhecem(os) a história de seus (nossos) ancestrais. O "velho" aqui não tem a conotação moderna de ser substituído pelo novo, e sim o sentido do "civilizado", do "culto", do "erudito".

Assim, podem-se transmitir conhecimentos e falar de tudo. Não são os conteúdos somente o que importa, e sim como os abordamos. Pode-se, por exemplo, dar a conhecer a Alhambra – o magnífico conjunto de palácios e jardins dos califas árabes da cidade espanhola de Granada (último reduto dos muçulmanos na Europa, expulsos pelos cristãos) até o final do século XV – a todas as pessoas, independentemente de sua classe social, uma vez que é um monumento pertencente à humanidade. Mas se pode também dar a conhecer a todos as Covas ("las Cuevas") – as vivendas das pessoas pobres desta mesma Granada, redutos destes muçulmanos expulsos pelos cristãos –, que também são produtos culturais pertencentes à humanidade. Não há que ter distinção de classe social no que se refere ao acesso a ambos produtos culturais, os quais são

---

176 Em nível micro, observa-se esta colonialidade, por exemplo, numa cidade turística do estado do Rio Grande do Sul, região sul do Brasil, Gramado. Esta cidadezinha, localizada na serra, é muito visitada por sua beleza natural, mas, principalmente, por ter sido construída aos moldes da arquitetura típica alemã, uma das etnias que emigrou para o sul do Brasil no século XIX. Além do fato de os estados do sul do Brasil serem conhecidos como tendo sido colonizados por europeus e não se fazer quase referência aos negros e indígenas que também os formaram, a Gramado, em especial, são atribuídos ares europeus, inclusive, por se situar na serra e na região mais fria do país, sendo comum nevar no inverno, o que acaba sendo todo um fenômeno para o brasileiro (até mesmo as representações de Papai Noel e da árvore de Natal são feitas com roupas de inverno e com algodão para simbolizar neve, respectivamente, a despeito de ser o verão a estação do ano em que ocorre o Natal no Hemisfério Sul). Ali, existe um museu chamado "Mini-Mundo", feito com maquetes de vários lugares do "mundo", leia-se cidades da Europa Ocidental, e apenas algumas cidades brasileiras. O "mundo" dado em miniatura constitui-se em uma parte da Europa.

igualmente "cultura", como bem nos alertou Freire, partindo do conceito antropológico de cultura. Seguindo o mesmo raciocínio, pode se dar a conhecer a música clássica a todos, assim como o *funk*. Ambos são expressões culturais, ainda que se originem em contextos distintos e um seja mais legitimado como "cultura" que outro. Neste mesmo contexto de reconhecimento da cultura própria do local e dos saberes cotidianos, um dos pressupostos centrais da educação popular é de que em todas as práticas sociais há processos educativos. A educação popular se propõe a aprender estes processos educativos inseridos nas práticas sociais. Portanto, é um conhecimento que parte da vida concreta das pessoas, e, como tal, precisa estar contextualizado. No caso brasileiro, este contexto é dado pela situação de espoliação dos povos latino-americanos.

> A compreensão de si mesmo, a percepção dos outros, na América Latina, requer olhar para a diversidade situando contextos e espaços. Produzir conhecimentos na perspectiva da América Latina exige nos libertarmos de referências dogmáticas construídas a partir de experiências alheias a nossos valores e culturas. A sobrevivência de nossas culturas, modos de ser e viver, evidencia nossa humanidade, contrariamente ao que apregoaram e apregoam os colonizadores que nos "inventaram" sem alma, inteligência e valores.[177]

Freire nos diz isso quando afirma que a pedagogia libertadora deve ser a "do" oprimido, e não "para o" oprimido, feita "do" e "com o" oprimido. Não é uma dádiva de fora, é uma construção de dentro, com a participação das pessoas, uma vez

---

177 Oliveira et al. (2014a, p. 32).

que se parte do entendimento de que há saberes nas práticas sociais, que o saber não existe apenas na academia, de fora, devendo ser apenas transferido para as situações concretas. Qualquer "transferência" de conhecimento é uma "invasão", uma vez que a transferência do externo implica no apagamento do autóctone. A mesma invasão da qual a América Latina é vítima há mais de 500 anos.

Assim, Araújo-Olivera[178] aponta que o conhecimento eurocentrado deve ser relativizado, uma vez que não porta questões coerentes, no nosso caso, com a realidade latino-americana. Um dos aspectos sobre o qual a autora fala é a saúde. Estes conhecimentos, então, impedem de se conhecer a especificidade da constituição dos povos latino-americanos, invisibilizando e subalternizando seus saberes. Não se fala em descartar o conhecimento europeu, mas sim em não "sacralizá-lo", não centralizá-lo, não sobrepujá-lo.

Mas se a educação popular parte das práticas sociais, o que elas são?

> Práticas sociais decorrem de e geram interações entre os indivíduos e entre eles e os ambientes natural, social e cultural em que vivem. Desenvolvem-se no interior de grupos, de instituições, com o propósito de produzir bens, transmitir valores, significados, e ensinar a viver e a controlar o viver; enfim, manter a sobrevivência material e simbólica das sociedades humanas.[179]

Segundo os autores, elas tanto podem enraizar como desenraizar, assim como possibilitar criar novas raízes. O enraizamento é favorecido quando as práticas sociais se dão com respeito às tradições daquele local – as quais podem ser

---

178 Araújo-Olivera (2014).
179 Oliveira et al. (2014a, p. 33).

refeitas, mas sem abandonar suas origens; o desenraizamento se dá quando as práticas são impostas a partir de fora, expropriando seres humanos e lhes impondo novos papéis sociais e identidades.

E como estão se entendendo "processos educativos"? Segundo Oliveira et al.,[180] como formação para a vida na sociedade, formação esta presente ao longo da história humana em todas as sociedades. É a formação que permite ao indivíduo se formar individualmente, mas no seio de sua comunidade.

A educação popular parte da qualificação dos processos educativos presentes em todos os lugares sociais, não apenas no acadêmico. Parte do reconhecimento de que se o aprendizado se dá em diversificados lugares, estes diversos aprendizados se comunicam, se entrelaçam.

> Os sujeitos que participam de tais práticas interconectam o aprendido em uma prática com o que estão aprendendo em outra, ou seja, o aprendido em casa, na rua, na quadra comunitária do bairro, nos bares, no posto de saúde, em todos os espaços por onde cada um transita, serve como ponto de apoio e referência para novas aprendizagens, inclusive aquelas que a escola visa proporcionar.[181]

Daí a importância de que estes lugares sociais vivam os valores que uma educação libertadora propõe, uma vez serem espaços educativos. Freire nos alerta para a necessária coerência entre o dizer e o fazer, para o alerta de que não se pode libertar oprimindo, não se pode construir uma sociedade democrática com posturas autoritárias, e da necessidade de se construírem "experiências democráticas". Há processos educativos nas

---
180 Id. ibid.
181 Id. ibid., p. 38.

práticas sociais, e é necessário que estas práticas levem aos valores da sociedade que se quer, intencionalmente, construir. A educação popular tem um vetor intencional, e daí é necessário pensar que a educação é um ato intencional. Será que nos espaços sociais há esta intencionalidade claramente definida? Sim, é fato que uma pessoa aprende em todos os espaços sociais. Mas qual a intencionalidade do ato educativo nestes espaços? Afinal, é comum nas sociedades latino-americanas uma criança aprender a ser narcotraficante desde o berço, com todas as implicações violentas que esta condição supõe. Da mesma forma, uma criança estadunidense pode aprender desde seu berço que o inimigo do mundo é o Estado Islã, também com toda a violência que lhe corresponde, porém esta violência sendo legitimada. Ou mesmo uma criança alemã pode aprender que o melhor para o mundo é a volta da tentativa da raça pura. Tudo isto se aprende. Algumas aprendizagens são legitimadas em seu momento histórico, outras não. Porém, para o projeto de um mundo democrático, nenhuma destas três situações são caminho. Mas também implicam em aprendizagens nas práticas sociais. Se a educação é um ato intencional, como intervir nestas práticas sociais e superar a constatação de que sempre há processos educativos em qualquer prática? Afinal, que processo educativo queremos construir nestas práticas? Ou quais práticas queremos suprimir do mundo?

Então, não é "qualquer processo educativo de qualquer prática social" que nos interessa, e sim aquelas que nos levem ao "mundo desejado", o que implica, necessariamente, em não naturalizar o ato educativo, mas sim imputar-lhe uma intencionalidade, o que nos situa sempre no campo ético. É na direção do que falam Montrone et al.,[182] ao refletirem sobre uma experiência de pesquisa acadêmica no campo da economia solidária com mulheres que aprenderam o ofício de marcenaria, culturalmente designado como masculino:

---

182 Montrone et al. (2014).

> (...) ao conquistarem o direito de vivenciar novos aprendizados, as mulheres podem construir uma visão crítica em relação ao papel da mulher na sociedade, possibilitando conquista de autonomia e mudanças nas relações de gênero subsidiadas pela dominação. As transformações vivenciadas por mulheres que se iniciam em pequenos grupos unidos em solidariedade podem ter consequências nas pessoas que convivem diariamente com elas e, ampliando esta visão, atingem a sociedade como um todo por meio da construção de novas relações sociais.[183]

É a práxis como elemento necessário no ato educativo, como bem enfatizado por Freire, e é também a educação sendo vista como um processo fora do âmbito institucionalizado, presente nas diversas práticas sociais, bem como na pesquisa acadêmica, tanto que seja uma pesquisa cuja visão de ciência, cientificidade, método, metodologia, validez, se adéque a uma visão abrangente do fenômeno da vida social. Como assinala Vasconcelos,[184] toda experiência de educação popular possui caráter de intervenção, compreendida a partir de Freire – uma intervenção democrática, o que constrói a educação progressista. Há uma intencionalidade no ato educativo, e na educação popular que atua com a comunidade a ênfase é que tal atuação se dê tendo a comunidade como sujeito, e não como objeto, visando à transformação desta rumo à igualdade e solidariedade.

Também é importante destacar que da perspectiva da educação popular é necessário um outro modo de se fazer pesquisa acadêmica, como há pouco apontado, o qual se liga

---

183 Id. ibid., p. 176.
184 Vasconcelos (2014).

ao que conhecemos ser pesquisa ação-participante, a pesquisa que é feita com as pessoas e não sobre elas, a partir de algum problema concreto de sua existência. Pesquisa que valoriza não apenas a cognição científica, mas também a sensibilidade vinda da convivência com o outro, num "estranhamento respeitoso" à sua cultura, como dizem Oliveira et al.[185] O pressuposto é que somente as pessoas mesmas em condição de "marginalização", "desqualificação" e "exclusão" podem falar sobre suas experiências. Também está presente o pressuposto de que esta vivência é sempre individual e coletiva. E se é coletiva, também vale para a visão de mundo do pesquisador, a qual não deve e nem pode ser apagada, mas sim, a partir do "estranhamento respeitoso", fazer parte de uma intersubjetividade. Freire aponta o equívoco na postura do educador que nega expressar seu pensamento como em respeito ao conhecimento do educando. Esta postura, muitas vezes contrariamente ao que se deseja, reproduz uma relação dominadora, ao partir de uma suposta superioridade de um saber que não deve se sobrepor ao saber inferior do outro. Em uma relação dialógica cabem todos os saberes, reconhecidos como diferentes, porém não sendo colocados como desiguais. Na relação dialógica nenhum saber é desqualificado. Mas para que o saber científico não desqualifique o saber cotidiano, é necessário legitimá-lo como um saber, o qual está embasado em outros fundamentos os quais a ciência moderna reconhece. Somente a partir deste reconhecimento é possível um verdadeiro diálogo, que é uma troca, não uma dádiva.

Oliveira et al.[186] lembram que, para Freire, a construção do conhecimento crítico deve partir do saber da experiência, considerando que permanecer neste saber seria romantismo, e não considerá-lo seria um erro epistemológico, e que tanto negar o saber popular como mitificá-lo são erros e, no fundo, implicam na não colocação dos distintos saberes em diálogo, implicam em não reconhecer a diferença, que não

---

185 Oliveira et al. (2014a).
186 Id. (2014b).

é o mesmo que desigualdade. Oliveira et al.[187] nos lembram que os grupos populares, assim como os grupos acadêmicos, não são homogêneos, e isto implica no reconhecimento da diversidade, da interculturalidade e da aceitação de conflitos.
A educação popular ganha uma característica de resistência ao saber legitimado, juntamente com suas práticas de construir o conhecimento a partir da pesquisa, que, neste caso, precisa ser realizada "com" os sujeitos e não "sobre" eles ou "para" eles, muitas vezes sendo feita mais para o currículo do pesquisador, também oprimido pela racionalidade empresarial produtivista na academia, do que para as pessoas do lugar onde a pesquisa foi realizada.

Como apontam Dias et al.,[188] a perspectiva dialógica leva a uma postura teórico-metodológica de respeito ao outro e de reconhecimento de sua participação na construção do conhecimento, reconhecendo-se sua voz.

> Convivendo com o outro no ato de pesquisar, temos oportunidade de construir um olhar, que difere daquele olhar que carrego comigo mesma, porque já era meu desde sempre e, até então, eu nada sabia sobre o outro que agora me ponho a pesquisar.[189]

E também há a convivência com o outro em espaços não de pesquisa, mas de extensão universitária, os quais podem gerar pesquisa. Em um projeto de vivência de música em abrigos de mulheres idosas, Joly et al.[190] refletem a necessidade de se acolher todos os estilos musicais que façam sentido para as pessoas do local, e não somente a música considerada erudita, que é a originada nos espaços nobres europeus. As autoras

---
187 Id. ibid.
188 Dias et al. (2014).
189 Id. ibid., p. 228.
190 Joly et al. (2014).

diferenciam o erudito do clássico, no sentido de que o clássico se refere a toda música que atravessa o tempo por fazer parte da tradição cultural de um povo e responder ao rigor requerido ao seu estilo. Assim, têm-se clássicos de todos os estilos. A reflexão que elas fazem é que, ao experenciarem a música em conjunto, as pessoas puderam criar sentido para suas vidas, compartilhando gostos, vivências e vontades, tendo estas pessoas a experiência de se autodirigir, "permitindo que elas possam juntas sonhar, sentir e recriar o sentido da própria existência".[191]

Oliveira et al.[192] nos lembram que a pesquisa em processos sociais, de igual forma as atuações em educação popular, busca a superação, anunciada por Freire, da contradição educador-educando, que, como sabemos, é o resultado da dialogicidade, a pronúncia da palavra tendo o mundo como mediador, no processo de conscientização. A superação desta contradição não é possível a partir dos cânones oficiais da ciência moderna, centrada na cognição. Para haver este diálogo é condição necessária o reconhecimento dos outros saberes, e não se chega a este reconhecimento com uma postura de superioridade, de descrença no outro, de deslegitimação. Para tal, é necessário o efetivo encontro com o outro, somente possível a partir do desenvolvimento da afetividade, tão desqualificada na academia, considerada um empecilho para a construção do conhecimento. A afetividade implica em não ter medo de se aproximar, de conhecer o outro, não tendo também medo de se conhecer neste conhecimento, uma vez os seres estarem implicados numa autêntica relação.

A afetividade tem sido considerada primordial nos trabalhos em saúde a partir de uma ótica da educação popular. E esta ótica requer um entendimento de saúde rompedora com o modelo hegemônico biologicista. Também este modelo vem conferindo importância à afetividade, mas esta tem um lugar específico, o psicológico ou o psiquiátrico, áreas para

---

191 Id. ibid., p. 257.
192 Oliveira et al. (2014b).

onde o paciente é mandado para "complementar o tratamento". O afetivo não é considerado um componente "no mesmo padrão" que o biológico, exigindo-se, para isto, uma visão ampliada do processo saúde-doença, assim como o trabalho interdisciplinar, mantenedor das diferenças, mas não das desigualdades entre os diferentes saberes, neste caso, hierarquizados. A afetividade da qual a educação popular em saúde fala é reconhecida como constitutiva dos indivíduos, tanto de educandos como de educadores, tanto de pacientes como de profissionais, e também definidora da própria forma cognitiva de se ver o mundo. É um elemento constitutivo da vida, portanto, precisa ser considerado e valorizado, não excluído e temido como algo ameaçador para a racionalidade científica.

Do espaço à afetividade advém o espaço da espiritualidade, que vem crescendo no campo da educação popular em saúde. Vasconcelos,[193] como já dito, um dos construtores da educação popular em saúde no Brasil, defende a mudança do paradigma científico na área da saúde, de base biologicista, racional, cognitiva, sustentando que este paradigma é insuficiente para abarcar as diferentes dimensões da vida, sendo a espiritualidade uma delas, a qual, desde o advento da ciência moderna, foi relegada por não atender às exigências mensuradoras da racionalidade científica. Tudo que a ciência não pode abarcar é considerado inexistente.

Mas "inexistentes" também foram todos os saberes dos nativos do continente americano desde o final do século XV. "Inexistentes" também foram os saberes dos povos africanos escravizados na América pelos europeus. Se a educação popular parte da premissa de dar voz aos "inexistentes", resistindo ao silenciamento dominador/opressor, então é tarefa da educação popular em saúde dar voz às dimensões do humano relegadas pelo paradigma científico moderno, a partir de uma visão ampla do processo saúde-doença.

---

193 Vasconcelos (2011).

Vasconcelos[194] diferencia religiosidade, religião e espiritualidade. Religiosidade é a crença em um Outro divino, sem necessariamente estar implicada alguma instituição religiosa; religião é a crença em um Outro divino ligada a alguma instituição específica e doutrinária; espiritualidade é uma busca da vivência transcendente não necessariamente ligada a um Outro divino ou a uma instituição. Em todas elas há em comum a dimensão do transcendente, do encontro do chamado eu profundo com uma dimensão transcendente à vida material, que confere um sentido a esta vida. Na espiritualidade, porém, esta transcendência não necessariamente se opõe à imanência, não está dualisticamente se opondo a ela, mas sim imanência e transcendência formam um conjunto. Portanto, pode haver espiritualidade não religiosa, sendo um conceito que inclui a religião e a religiosidade e, portanto, o escolhido pelo autor para refletir sobre a saúde.

O mesmo autor parte da crítica de que a sociedade moderna dessacralizou o mundo, portanto esta perda da dimensão sagrada do mundano é recente na história da humanidade. O "sagrado" por ele defendido tem o vetor da busca por um sentido na vida, o reconhecimento que há mais coisas no mundo do que as expressamente racionais, a busca pelo rompimento da automatização da vida e pela consequente liberdade de estar no mundo segundo seus critérios, sua totalidade, não reduzida esta vida aos padrões produtivistas modernos. Portanto, é uma espiritualidade que implica em uma visão de mundo no qual este é ampliado e onde se buscam relações mais atenciosas com os outros e consigo mesmo. Este é o sentido de transcendência desta espiritualidade, ligada, portanto, à materialidade da vida, porém também ligada a dimensões não racionais, daí o autor cunhar o termo "tomada de inconsciência", ampliando a "tomada de consciência" freiriana ao referir-se à conscientização.

---

194 Id. ibid.

Segundo Vasconcelos,[195] a religiosidade é um elemento fundamental da maioria da população latino-americana no enfrentamento de situações graves de doença, assim como de grande parte de profissionais da saúde, envolvidos na atmosfera de sofrimento dos pacientes. Ela é um elemento objetivo, e negá-la anuncia preconceito e negação da própria objetividade científica, abrindo a possibilidade para vivências alienantes, irrefletidas, muitas vezes submetidas a tentativas de exploração econômica por parte de instituições religiosas. Defende, portanto, sua inclusão na discussão científica, uma ciência crítica capaz de compreender de fato esta dimensão transcendente e de aportar elementos para sua vivência também crítica, evitando excessos e confusões. O autor também aponta a forte dimensão religiosa presente nos trabalhos de educação popular em saúde com as comunidades, sendo esta uma dimensão fundamental para a transformação social.

Os referenciais teóricos de Vasconcelos para esta reflexão são a educação popular, a teologia da libertação – a qual entende a espiritualidade fazendo parte da luta cotidiana de superação da sociedade injusta, trazendo uma leitura materialista histórica para fundamentar o compromisso da Igreja Católica para com as classes oprimidas – e a psicologia junguiana (Carl Gustav Jung, Suíça, 1875-1961). No sentido desta última, defende a incgração das quatro dimensões humanas – a razão, a emoção, a sensibilidade e a intuição – como necessária para que o indivíduo possa vivenciar-se como inteiro e possa vivenciar experiências de transcendência, este contato com sua interioridade, o eu profundo, com dimensões da vida que estão além da materialidade visível prontamente, mas que também a formam e formam o ser, quando este se dispõe a vivenciar-se de forma integrada. Esta integração das dimensões do humano é que precisa ser assumida hegemonicamente pela ciência, sem a qual ela não responde à complexidade do humano. O trabalho em saúde,

---

195 Id. ibid.

particularmente analisado pelo autor, tem mostrado a necessidade de aumentar a abrangência do olhar científico.

Vasconcelos[196] cita várias pesquisas científicas na área da saúde que estudam a dimensão espiritual atuando no enfrentamento da doença e no restabelecimento da saúde. Mesmo assim, demonstrando a legitimidade da espiritualidade a partir da ciência, o autor não permanece apenas no âmbito científico, defendendo a vivência do transcendente e sua relação com a saúde mesmo que a ciência ainda, de forma completa, não possa abarcá-la. A ciência ainda precisa avançar em suas teorias e seus métodos para poder apreender a vivência da espiritualidade; a ciência é apenas uma forma de aproximação à vida, portanto necessariamente menor do que ela.

E é nesse panorama que Vasconcelos[197] defende o efetivo encontro do profissional de saúde com o paciente na busca deste em atribuir um sentido para sua vivência de dor e doença, sentido necessário para sua superação ou mesmo aceitação. Neste processo é fundamental que paciente e profissional vivenciem seus próprios processos de transcendência. O espaço para estas vivências e para este encontro confere o sentido de humanização no trabalho em saúde. O autor defende a vivência de diversas formas de caminhos de encontro consigo mesmo ligados à espiritualidade, como oração, meditação, participação em movimentos sociais, em cultos religiosos, psicoterapia, contato com as artes... Essas vivências vão se articulando no indivíduo e proporcionando novos valores e formas de ser, integrando todas suas dimensões. "O encantamento com essa nova perspectiva de interpretação dos fatos do dia a dia vai levando ao cultivo de um estado reflexivo mais constante na vida, em que afetos e gestos rotineiros passam a ser questionados e ressignificados".[198] Esse processo é identificado como espiritualidade e é fundamental para o cuidado em saúde e para o trabalho educativo em

---

196 Id. ibid.
197 Id. ibid.
198 Id. ibid., p. 67.

saúde. Para o autor, a experiência dos movimentos sociais na América Latina tem mostrado

> que a mobilização para a transformação social acontece quando se integram fatores de ordem material (carências, oportunidades políticas) e subjetiva (consciência política, envolvimento emocional, utopias mobilizadoras). (...) Não se consegue apoiar a mobilização das comunidades e das pessoas apenas com medidas de reorganização institucional e ações educativas cognitivas. Dimensões imaginárias das crenças, utopias e valores, que impregnam e orientam a vida coletiva, precisam ser trabalhadas. Para isto, também é preciso agentes sociais abertos a percebê-las e capazes de se comunicar na linguagem simbólica em que são expressas.[199]

É o que também diz Smeke,[200] ao problematizar o olhar do profissional de saúde para a população pobre como "carente", carente do que é valorizado pela sociedade dominante, olhar que reproduz seu processo de exclusão social.

> (...) colocamos uma enorme lente de aumento no que falta, na doença, na carência, na falência, na fragilidade, na proximidade da morte de que o Outro é portador. Nas linguagens utilizadas, incluindo a não verbal, agimos como se fôssemos a sua salvação;

---

199 Id. ibid., p. 70.
200 Smeke (2011).

provedores, mediante intervenções e medicamentos, doações, caridade, como responsáveis e beneméritos do retorno à condição de saúde. Na nossa experiência, isto nos tem parecido equivocado; ou melhor, é atitude reforçadora da exclusão e da subordinação. Usurpa a autorresponsabilização, independência e autonomia, não ajuda no desenvolvimento e realimentação da dignidade.[201]

O Outro escrito com inicial maiúscula sublinha o sentido de alteridade que a autora quer dar ao paciente a partir do olhar do profissional da saúde, portanto como sujeito distinto do Eu, não como seu objeto de intervenção. Para conceber este Outro, a autora defende a espiritualidade, compreendida na integração das diversas dimensões humanas, o que possibilita o encontro com este Outro, diferente de mim, e a consequente mútua implicação: "a essência sutil que permite a um ser reconhecer-se em si, reconhecer-se na alteridade, com a alteridade e para a alteridade que a recompõe e a liga ao que é maior ainda".[202]

Valla[203] aponta a necessidade sentida por profissionais ligados à educação popular na saúde em compreender as pessoas das comunidades atendidas, compreendê-las para atendê-las melhor. Esta compreensão passa pelo entendimento da forma como enfrentam suas doenças, o que inclui de maneira significativa a religiosidade. O autor sustenta que as vivências religiosas são fundamentais como proporcionadoras de redes de apoio, indispensáveis para as classes populares fazerem frente aos impasses da sociedade capitalista, de cunho competitivo, individualista e excludente. Este apoio social te-

---

201 Id. ibid., p. 354-355.
202 Id. ibid., p. 367.
203 Valla (2011).

ria o efeito de melhoria na saúde das pessoas, uma vez que a doença é entendida como relacionada às emoções. O autor sustenta que para as classes populares, as quais não têm acesso a tratamentos alternativos da doença que vão na direção de um maior equilíbrio emocional, sendo, assim, alternativos ao modelo biologicista, o apoio social recebido a partir dos cultos religiosos tem se mostrado primordial, não se caracterizando como forma de fuga para uma tranquilidade individualista, mas sim como formas solidárias e criativas de enfrentamento de sua situação. E isso a partir do apoio social recebido, o que confere sentido à vida e um maior controle sobre ela.

> Educação popular e saúde é também uma educação para os profissionais de saúde e não somente para as classes populares, pois, para os pobres, o apoio mútuo ou o apoio social é extremamente enraizado no cotidiano da vida. O profissional de saúde que desenvolver uma relação de convivência e aprendizado com os pobres pode incorporar um rico saber sobre a solidariedade.[204]

Aprendizado com aquelas "pessoas simples cuja subjetividade está muito mais marcada pela valorização da vivência do que da elaboração intelectual".[205] O autor ressalta que as classes populares têm sua própria lógica para enfrentar suas dificuldades, de saber o que lhes faz bem, seus próprios saberes, ainda que diferentes dos nossos, profissionais, pesquisadores, uma vez que se situam no campo da sobrevivência material, o que não é a nossa realidade. Por isso nossa dificuldade e a necessidade de nosso esforço para entender sua lógica, não a enquadrando na nossa.

---

204 Id. ibid., p. 335.
205 Id. ibid., p. 333.

Vasconcelos defende que a espiritualidade está presente no âmago da educação popular, indicando para uma nova epistemologia.

> (...) o questionamento maior do saber popular, tão valorizado nas práticas de educação popular, ao pensamento moderno não está nos conhecimentos inusitados e surpreendentes que expressa sobre as estratégias da população de adaptar-se à realidade onde vive, mas na sua forma de estruturar o conhecimento de uma forma que integra dimensões racionais, intuitivas e emocionais. Seu maior ensinamento para os profissionais de formação científica, que com ele interagem, é epistêmico, ou seja, questiona o paradigma ou o modelo geral como o pensamento tem sido processado na produção e estruturação do conhecimento considerado válido pela sociedade moderna. Ele não está submetido à ditadura do saber aprendido conscientemente e logicamente estruturado. Inclui e se articula com o saber que brota do corpo e que utiliza estados de inebriamento e excitação para se estruturar.[206]

O autor identifica a profunda vivência religiosa das classes populares latino-americanas como forma de enfrentamento e resistência à injusta estrutura social em que vivem, possibilitadora de solidariedade, além do sentido transcendente atribuído às vicissitudes da vida. Essa vivência precisa ser compreendida fora de preconceitos, não como tradicional

---

206 Vasconcelos (2011, p. 88-89).

e arcaica, mas como estratégia de enfrentamento, resistência e sobrevivência, a despeito de suas diferenças internas. Como qualquer ato humano, a religiosidade apresenta contradições e ambiguidades, conformismo e resistência. O autor afirma que é tarefa da educação popular ajudar a superar as dimensões negativas da religiosidade, o que só será possível se houver conhecimento da complexidade simbólica de suas práticas.

Como expressão da cultura de uma comunidade, necessariamente a religiosidade precisa ser levada em conta pela educação popular e de forma coerente com seus pressupostos teóricos, portanto valorizando-a e não a classificando menosprezadamente como arcaica ou tradicional. Além disso, deve-se envolvê-la na reflexão crítica que a conscientização implica, ou na "tomada da inconsciência", e nunca recorrendo a ela de forma utilitarista para acercar-se "do povo" e levar-lhe a "boa-nova", num processo de invasão cultural.

Vasconcelos reinterpreta a afirmação freiriana de que educandos e educadores aprendem e ensinam. Ainda, afirma que as classes populares da América Latina estão próximas da intuição, da emoção, da sensibilidade, mas carecem da integração com a dimensão racional objetiva, todo o contrário do profissional da saúde. Para o autor, esta é a troca primordial entre população e profissionais, este é o aprendizado maior, não o de conhecimento, "mas o que se estabelece no diálogo entre os diferentes modos de processamento do ato de conhecer e de dar sentido à existência".[207] Esta é uma atitude respeitosa para com o saber das classes populares, que não se sustenta na piedade e nem na ajuda às supostas carências, mas na amorosidade em forma de comunhão com elas, o que o autor entende como compaixão, o que leva à solidariedade; compaixão, portanto, entendida em um sentido diferente do que o colocado anteriormente por Caponi,[208] aproximando-se do sentido de solidariedade expresso pela autora. Amorosidade não qualificada pelo

---

207 Id. ibid., p. 94.
208 Caponi (2000).

discurso científico, em relação ao qual o autor sustenta que se "tornou deselegante e inadequado falar de motivação amorosa nas discussões acadêmicas sobre políticas sociais".[209]

O autor também reconhece que a educação popular não é a única prática emancipadora.

> A educação popular não é a única proposta educativa voltada para a construção da justiça social que valoriza o diálogo e a participação dos movimentos sociais. Na Europa, notadamente, há forte tradição de trabalho social com estas características que não se inspiram na educação popular. Talvez seja esta valorização de sentimentos profundos nas ações educativas coletivas, possibilitada pela forte presença da linguagem simbólica religiosa das classes populares latino-americanas, uma das marcas fundamentais da identidade do jeito de fazer da educação popular ante estas outras tradições progressistas de trabalho social, inovando ao trazer a paixão e a compaixão para a ação educativa no trabalho político pela superação da opressão em um contexto cultural de uma militância muito influenciada pelo marxismo que desvaloriza a dimensão subjetiva na luta política.[210]

Para o autor,

---

209 Vasconcelos (2011, p. 104).
210 Id. ibid., p. 94.

a educação popular se constitui extremamente marcada por este esforço teórico e por movimentos sociais voltados para a construção a uma sociedade mais solidária e justa em que se supere a separação entre a ação fundada na razão (teorias sociais) e a paixão (compaixão). Desenvolve reflexões e práticas de ação social e luta política em que a paixão se mostra motivadora da razão e a razão orientadora da paixão.[211]

O diálogo, elemento primordial da metodologia de educação popular, se refere também aos afetos, o que implica não só em palavras, mas também em gestos e silêncios. Segundo o autor, a educação popular também se volta ao fortalecimento do diálogo sobre sonhos e ideias utópicas que instigam as pessoas, por mais que possam parecer tolos. "É valorizar e criar espaço de aperfeiçoamento dos primórdios subjetivos de projetos concretos de transformação social".[212] O autor busca trazer ao diálogo elementos mais densos do "eu profundo" dos educandos, o que entende ser a espiritualização mais intensa da prática.

Para Vasconcelos,[213] faz parte da educação popular a valorização da busca do sentido que as pessoas atribuem às suas vidas, ao que lhes acontece. O que move as pessoas não é o conhecimento dos problemas, mas o sentido que elas atribuem a eles. O ser humano precisa dar sentido ao que lhe acontece, e a educação popular necessita fazer jus a esta dimensão do humano. Portanto, não lhe cabe apenas a elaboração crítica de enfrentamento das situações vivenciadas, mas também a construção coletiva e explicitação dos sentidos atribuídos às situações, os quais são motivadores das ações.

---

211 Id. ibid., p. 108.
212 Id. ibid., p. 111.
213 Id. ibid.

Assim, o autor defende o diálogo não apenas de saberes, mas de significados subjetivos. Por isso faz parte da educação popular a criação coletiva de símbolos e de linguagens várias que expressem a subjetividade.

Agora, sigamos nossas reflexões a partir da perspectiva decolonial, contexto maior da educação popular, necessariamente originada no "sul do mundo".

> Silêncio guerreiro
>
> No território indígena,
> O silêncio é sabedoria milenar,
> Aprendemos com os mais velhos
> A ouvir, mais que falar.
> No silêncio da minha flecha,
> Resisti, não fui vencido,
> Fiz do silêncio a minha arma
> Pra lutar contra o inimigo.
> Silenciar é preciso,
> Para ouvir com o coração,
> A voz da natureza,
> O choro do nosso chão,
> O canto da mãe d'água
> Que na dança com o vento,
> Pede que a respeite,
> Pois é fonte de sustento.
> É preciso silenciar,
> Para pensar na solução,
> De frear o homem branco,
> Defendendo nosso lar,
> Fonte de vida e beleza,
> Para nós, para a nação!

(2013, Márcia Wayna Kambeba, brasileira indígena da etnia Omágua/Kambeba)

PERSPECTIVA DECOLONIAL

A colonização implica em uma relação bipolar: os colonizadores e os colonizados. Os lugares ocupados nesta relação definem, a rigor, a perspectiva com a qual se olha o que acontece, se olha o outro e a si mesmo. O discurso científico ocupa um destes lugares. As epistemologias que dele emanam têm endereço. E mesmo que esses lugares não sejam fixos e predeterminados, uma vez construídos, não deixam de ser definidores da forma como se explica e se nomeia o mundo e as pessoas.

Conhecer o continente americano como o "Novo Mundo" só é possível a partir do lugar do colonizador vindo do "Velho Mundo", uma vez que, sendo ignorada a existência daquele, nomeou-o como "novo". E mais, nomeou-o segundo seu léxico. Foi um passo definitivo na legitimação da exploração deste continente e consequente dizimação de sua população autóctone, seus diversos povos originários. Para estes, a "Abya Yala"[214] não era nova, novos eram os que lá chegaram

---

214 *Abya Yala* é a designação para o continente americano do povo Kuna, do Panamá e da Colômbia; atualmente é o termo que vem sendo empregado pelo movimento dos povos originários das Américas para se referir ao continente americano dos seus pontos de vista, afinal "América" é o nome europeu à terra encontrada pelo navegador italiano Américo Vespúcio. *Abya Yala* expressa a reivindicação e luta dos povos originários americanos pelo mundo que

de outro lugar, falavam outra língua, tinham outra cor de pele, adoravam outro deus, se alimentavam de outras comidas, usavam outras armas. A "América" suplantou a "Abya Yala", e hoje as diversas tribos de povos originários são homogeneamente conhecidas como "indígenas". "Indígena" vem do termo "índio", designação dada pelos conquistadores ibéricos às populações encontradas nas Américas por pensarem terem chegado nas "Índias". "América" é o nome dado ao continente descoberto em homenagem ao navegador italiano que comandou aquela expedição, Américo Vespúcio. Os nomes com os quais conhecemos e significamos as coisas vêm de um lugar, expressam uma posição. Alguns nomes silenciam outros. A História geralmente é contada pelos vencedores. A ciência ocupa um lugar na designação do mundo.

A colonialidade implica em um processo de dominação do "outro" até o ponto em que este se veja como "outro" em relação ao "mesmo", desejando ser como o "mesmo". Ela proporciona aos colonizados serem vencidos em sua resistência até o ponto em que aceitem e desejem viver a partir do modo de vida externo, dos colonizadores. Colonizadores que olham o diferente e designando-o como o "outro", e não o "mesmo", e que, por não ser o "mesmo", precisa mudar para chegar a sê-lo ou desaparecer. O que não pode é coexistir. A invasão, a dominação, a fabricação de um "outro" é impeditiva da coexistência da diferença, até o ponto em que este "outro" deseje ser o "mesmo". Mas não sem permanentes resistências, "subversões". Até que a ciência também resolva nominar e classificar patologicamente estas resistências, deslegitimando-as. É a colonização do ser:

---

lhes foi roubado em sua conquista pelos europeus. O movimento *Abya Yala* ganhou força política e visibilidade internacional nas mobilizações organizadas para questionar as comemorações oficiais dos 500 anos do "descobrimento", de 1992. O movimento contestou a continuidade do uso tradicional/oficial do termo "descobrimento", problematizou a ideia de "encontro dos dois mundos" e reivindicou o reconhecimento da realidade intercultural das Américas, enfatizando os direitos dos povos indígenas e afro-americanos. Vale lembrar que o próprio termo "indígena" precisa ser questionado, uma vez manter a designação europeia dos povos autóctones das Américas, pois se pensava haver chegado às Índias, assim como homogeneíza a diversidade entre os diversos povos (Lisboa, 2014; Araújo-Olivera, 2014).

A colonização do ser consiste em nada menos do que gerar a ideia de que certos povos não fazem parte da história, de que não são seres. Assim, enterrados sob a história europeia do descobrimento estão as histórias, as experiências e os relatos conceituais silenciados daqueles que ficaram fora da categoria de seres humanos, de atores históricos e de entes relacionais. Nos séculos XVI e XVII, os "condenados da terra" (como catalogou Frantz Fanon aos seres colonizados) eram os índios e os escravos africanos. Por esta razão, os missionários e os homens de letras se arrogaram a tarefa de escrever as histórias que, segundo eles, os incas e os astecas não tinham e de escrever a gramática do quechua/quichua e o náhuatl tomando o latim como modelo. Os africanos não foram levados em conta no processo de evangelização, já que eram considerados pura e exclusivamente provedores de mão de obra.[215]

---

215 Mignolo (2007, p. 30). Tradução livre do original em espanhol: La colonización del ser consiste nada menos que en generar la idea de que ciertos pueblos no forman parte de la historia, de que no son seres. Así, enterrados bajo la historia europea del descubrimiento están las historias, las experiencias y los relatos conceptuales silenciados de los que quedaron fuera de la categoría de seres humanos, de actores históricos y de entes racionales. En los siglos XVI y XVII, los "condenados de la tierra" (como catalogó Frantz Fanon a los seres colonizados) eran los indios y los esclavos africanos. Por esa razón, los misioneros y los hombres de letras se arrogaron la tarea de escribir las historias que, según ellos, los incas y los aztecas no tenían y de redactar la gramática del quechua/quichua y el náhuatl tomando el latín como modelo. Los africanos no fueron tenidos en cuenta en el proceso de evangelización, ya que se los consideraba pura y exclusivamente proveedores de mano de obra.

Frantz Omar Fanon, psiquiatra e filósofo nascido na Martinica[216] (1925-1961), citado por Mignolo, acima, e já observado anteriormente ter sido uma das influências do pensamento de Paulo Freire, é uma referência do pensamento decolonial. Com ascendência africana e europeia, de pele negra, atuou como médico psiquiatra na Argélia e participou da Frente de Libertação Nacional daquele país na guerra de independência contra a França, da qual saiu vitoriosa em 1962. É dele a noção de que o oprimido internaliza o opressor, a qual Freire desenvolveu em sua pedagogia do oprimido. Ele faz a leitura das consequências da colonização na subjetividade do colonizado e também denuncia os mitos da colonialidade: "A Europa é literalmente a criação do Terceiro Mundo".[217] Como veremos adiante, a Europa só se constituiu Europa porque colonizou o "Terceiro Mundo", constituindo-se como "Primeiro Mundo".

A partir do sociólogo Aníbal Quijano (Peru, 1928), do filósofo Enrique Dussel (Argentina, 1934) e do semiólogo Walter Mignolo (Argentina, 1941), expoentes da perspectiva decolonial – ou dos estudos decoloniais –, podemos olhar para a América designada pelos europeus como uma terra colonizada e podemos enxergar que o grande projeto da *Abya Yala* é o de libertação de todas as formas de opressão, o que inclui o plano micro e macro. Inclui também a formação de subjetividades descolonizadas, um lugar soberano na geopolítica, o pensar a partir de epistemologias próprias. Epistemologias que remetem a uma ciência própria, "do sul do mundo", com seus conceitos, categorias, inteligibilidade próprios, em diálogo com as epistemologias "do norte", mas nunca suplantada por elas, nunca copiada delas. Enfim, o projeto de libertação de Abya Yala implica em uma perspectiva decolonial.

---

216 Martinica é um departamento ultramarino insular francês no Caribe, portanto uma ilha caribenha colonizada pela França.
217 Fanon (1968, p. 81).

Mignolo[218] atribui a Quijano, datando os anos 1980, o termo "colonialidade" como o lado obscuro da modernidade, como necessária ao triunfo moderno europeu, como o outro lado da história, o lado silenciado, o lado dos subjugados deste triunfo. Optar pela colonialidade, por ver os fatos a partir dos vencidos e não dos vencedores, é se propor a transformar a "geografia e a geopolítica do conhecimento". Assim, segundo o autor, a colonialidade consiste em desvelar a lógica oculta de controle, dominação, exploração, encoberta pelo discurso de salvação, progresso, modernização e bem comum.

O mesmo autor[219] estabelece quatro domínios da colonialidade: o primeiro deles implica na dominação do território, das riquezas, da exploração da mão de obra e de tudo o que resulte na dominação econômica da terra conquistada (domínio econômico); o segundo implica no poderio político, o mando neste território (domínio político); o terceiro, no fato de a sociedade também precisar ser dominada a partir do padrão considerado normal, o que insere o gênero e a sexualidade (domínio social); e, por fim, isso tudo não estaria completo sem o domínio subjetivo, de fazer sentir às pessoas do local sua condição de colonizadas, e, para isto, um domínio epistemológico é fundamental, o domínio de fabricar o discurso legitimado (domínio epistêmico e subjetivo/pessoal).

Assim, Quijano, Dussel e Mignolo sustentam que a colonialidade é a outra face da modernidade. Não poderia haver a modernidade iniciada na Europa Ocidental sem a colonialidade das terras latino-americanas. O projeto de expansão de Portugal e Espanha dos séculos XV e XVI, com a descoberta do continente americano, colocou os países ibéricos em situação de dominadores do mundo, *status* depois ocupado por Inglaterra e França e mais atualmente pelos Estados Unidos. A hegemonia ibérica do "século de ouro" – XVI – produziu a ideia de América e, correlativamente, da própria Europa, assim como a especificidade de "Europa

---

218 Mignolo (2007).
219 Id. ibid.

Ocidental". Designações formadoras de identidades com vistas ao poder geopolítico e com base na colocação de alguns países da Europa no centro, em relação aos quais todos os demais serão colocados à margem, fora do centro, uns mais distantes do centro, como os pertencentes à América e à África, outros menos e, portanto, menos inferiorizados, como os pertencentes ao "Oriente",[220] mas todos não europeus, como assinala Mignolo.[221] Para ele, a ideia de América, definidora da ideia moderna de Europa, é também o sustentáculo deste "sistema-mundo".

> Hoje em dia parece difícil pensar que os incas e os astecas não viviam na América e, mais ainda, que não viviam na América Latina. Até começos do século XVI, o continente não figurava nos mapas porque não havia sido inventada a palavra, nem havia nascido a ideia de um quarto continente. O território existia e as populações também, evidentemente, mas eles davam seu próprio nome ao lugar onde viviam. Tawantinsuyu à região andina, Anáhuac ao que, na atualidde, é o vale do México e Abya-Yala à região que hoje em dia é ocupada pelo Panamá. (...) O confuso do tema é que, uma vez que o continente recebeu o nome

---

[220] "O Ocidente foi, e segue sendo, a única região geo-histórica que é, por sua vez, parte da classificação do mundo e a única perspectiva que tem o privilégio de contar com as categorias de pensamento das que se descreve, classifica, compreende e 'faz progredir' ao resto do mundo" ("Occidente ha sido y sigue siendo la única región geohistórica que es a la vez parte de la clasificación del mundo y la única perspectiva que tiene el privilegio de contar con las categorías de pensamiento desde las que se describe, clasifica, comprende y 'hace progresar' al resto del mundo" (Coronil, 1955 apud Mignolo, 2007, p. 60, tradução livre)), assim como, para Mignolo (2007, p. 61, tradução livre), "o Ocidente é mais um lugar da epistemologia hegemônica do que um setor geográfico no mapa" ("Occidente es el lugar de la epistemología hegemónica antes que un sector geográfico en el mapa").
[221] Mignolo (2007).

de América no século XVI e que América Latina foi denominada assim no século XIX,²²² foi como se esses nomes sempre tivessem existido.²²³

Assim, América não foi um continente a se descobrir, e sim um continente inventado. Uma invenção forjada no seio do processo expansionista europeu.²²⁴ Dussel fala que o descobrimento da América foi um "encobrimento", um silenciamento das culturas autóctones. Mignolo diz que a nomeação deste território foi feita por europeus e criulos de ascendência europeia. Os indígenas e os criulos descendentes de africanos não foram convidados a este diálogo.²²⁵

Para Quijano,²²⁶ a primeira identidade geocultural moderna e mundial foi a de América, e graças a ela foi possível construir a identidade de Europa. Foi explorando o trabalho de índios, negros e mestiços da América que foi possível à Europa constituir seu poderio comercial. Foram as primeiras identidades geoculturais do mundo moderno, consideradas

---

222 O termo "América Latina" foi inventado por intelectuais franceses, já sendo a França um país também imperialista, para diferenciar as terras do sul das do norte do imenso continente americano. América Latina seria a pertencente ao domínio latino, Espanha e Portugal, latinidade também da França, e América Anglo-Saxônica, pertencente ao domínio saxão, Inglaterra. Essa divisão teria a intenção de facilitar o domínio francês nas terras "latinas" (id. ibid.). Por isso, este termo, longe de, originalmente, designar uma identidade "de dentro", designa um intento imperialista, o que não impede que hoje esta latinidade possa ser instrumento de uma identidade que pretenda resistir ao imperialismo de parte da América Saxônica, os Estados Unidos.

223 Id. ibid., p. 28. Tradução livre do original em espanhol: Hoy en día resulta difícil pensar que los incas y los aztecas no vivían en América y más aún que no vivían en América Latina. Hasta comienzos del siglo XVI, el continente no figuraba en los mapas porque no se había inventado la palabra ni había nacido la idea de un cuarto continente. El territorio existía y los pobladores también, por supuesto, pero ellos daban su propio nombre al lugar donde vivían: Tawantinsuyu a la región andina, Anáhuac a lo que en la actualidad es el valle de México y Abya-Yala a la región que hoy en día ocupa Panamá. (...) Lo confuso del asunto es que una vez que el continente recibió el nombre de América en el siglo XVI y que América Latina fue denominada así en el siglo XIX, fue como si esos nombres siempre hubiesen existido.

224 Id. ibid.

225 O termo *criollo* é a designação usada para se referir aos espanhóis nascidos na América do período colonial. Os criulos espanhóis ocupavam lugar melhor na sociedade do que a população não branca, mas inferior em relação aos espanhóis nascidos na Europa.

226 Quijano ([2000] 2016).

inferiores, atrasadas. Por isso a colonialidade é o outro lado da modernidade, ocasionando um despojamento de suas próprias e singulares identidades históricas. A atribuição de novas identidades, inferiores, por sua vez,

> implicava no despojamento de seu lugar na história da produção cultural da humanidade. Dali em diante, não eram senão raças inferiores, capazes somente de produzir culturas inferiores. Implicava também sua localização no novo tempo histórico constituído com América primeiro e com Europa depois: dali para a frente, eram o passado. Em outros termos, o padrão de poder fundado na colonialidade implicava também em um padrão cognitivo, uma nova perspectiva de conhecimento dentro da qual o não europeu era o passado e, desse modo, inferior, sempre primitvo.[227]

Quijano sustenta que essa identidade foi construída sob a noção de raça. A designação de raça foi atribuída pela primeira vez aos índios americanos, e não aos negros. A raça cumpriu um papel de inferiorizar as diferenças, atribuindo-as à biologia. As pessoas seriam diferentes a partir de sua biologia. Logo, raça passou a ser sinônimo de cor, sendo reduzida a ela. As diferenças entre as pessoas passaram a ser explicadas de forma natural, biológica, mas não como aceitação da diversidade, e sim como forma de legitimar a dominação de raças

---

227 Id. ibid., p. 221. Tradução livre do original em espanhol: implicaba el despojo de su lugar en la historia de la producción cultural de la humanidad. En adelante no eran sino razas inferiores, capaces sólo de producir culturas inferiores. Implicaba también su reubicación en el nuevo tiempo histórico constituido con América primero y con Europa después: en adelante eran el pasado. En otros términos, el patrón de poder fundado en la colonialidad implicaba también un patrón cognitivo, una nueva perspectiva de conocimiento dentro de la cual lo no--europeo era el pasado y de ese modo inferior, siempre primitivo.

consideradas "naturalmente" inferiores. Elas passaram a ser classificadas segundo sua raça, reduzidas à cor, e, deste modo, os povos conquistados e dominados foram situados em uma posição natural de inferioridade, o que envolvia tanto seu fenótipo como suas descobertas mentais e culturais.

Mignolo[228] lembra que uma história só pode ser vista como a principal a partir da existência de um sistema classificatório favorecedor da marginalização de determinados conhecimentos, línguas e pessoas. Esta é a "construção ideológica do racismo", que permite justificar a dominação dos que são, enfim, inferiores de alguma maneira. Mignolo afirma que foi assim com os indígenas e africanos escravizados e também com os mouros e judeus expulsos das terras europeias. Tem lugar uma classificação da humanidade, tendo como centro seu classificador, o homem (masculino) branco, cristão e europeu, que estabelece a si mesmo como normal, em relação a quem todos os demais, diferentes dele, ocupam algum lugar da periferia, mais ou menos distante do centro.

O classificador era o branco. Todos os que eram "não brancos" eram inferiores, não nos esqueçamos, e Quijano nos lembra que a ciência, a partir do século XIX até meados do século XX, com o Holocausto, foi lugar de várias teorias hoje consideradas raciais, as quais buscavam comprovar a superioridade da raça branca, assim como do homem em relação à mulher. Hoje, em termos de saúde, podemos pensar o quanto ainda persiste a biologização dos comportamentos, das atitudes sociais, das escolhas sexuais, o quanto a biologização mascara os preconceitos sociais no campo da saúde, como já visto em seções anteriores.

Mignolo[229] mostra que "América" foi uma diferenciação de "Américo", em referência ao navegador Américo Vespúcio, para combinar com "Ásia" e "África", outros dois continentes que, até então, formavam a totalidade do mundo com "Europa". O mundo dividido em três, até a descoberta de América,

---

228 Mignolo (2007, p. 40).
229 Id. ibid.

foi uma invenção da lógica cristã ocidental, segundo a qual o mundo estava dividido em três partes, cada uma dedicada aos três filhos de Noé: Ásia foi destinada a Sem, África a Cam e Europa a Jafet. Não se pode compreender o lugar ocupado por "América" no mundo sem compreender esta prévia divisão mundial em três continentes. Mignolo quer mostrar como a visão cristã do mundo, a cosmologia cristã, sempre ao lado dos impérios, foi determinante para a formação do eurocentrismo, sustentando que o conhecimento eurocêntrico se baseou na "teologia" nos séculos XVI e XVII e depois na "egologia", um marco de conhecimento cujo ponto de referência é o "eu" no lugar de "Deus", teologia e egologia apoiadas por filosofias europeias. Desta forma, as coisas não são do jeito que se diz que são porque é a ordem de Deus, mas porque assim classificou o homem branco, cristão, europeu, e todos os que não são como "eu" são inferiores.

E esta divisão dos continentes entre os filhos de Noé já indica uma diferenciação entre estes próprios filhos, que coloca a África à margem, Europa no centro e Ásia próxima à Europa. Vale a reprodução de uma citação que Mignolo faz de Santo Agostinho, século V:

> O nome Sem [herdeiro da Ásia], como se sabe, significa "nomeado", e à linhagem de Sem pertence Jesus. Jafet [herdeiro da Europa] significa "engrandecimento" e "nas Casas de Cristo", quer dizer que o "engrandecimento" das nações tem lugar na Igreja. O nome Cam [herdeiro da África] signifca "quente", e o segundo filho de Noé foi separado dos outros dois e, por ser o filho do meio, não foi incluído nos primeiros frutos de Israel nem na colheita dos

Gentios. Assim, Cam só pôde vincular-se com a raça quente dos hereges.[230]

Na visão profética cristã, os lugares foram sendo determinados conforme a visão de seus valores. A visão que se tem do mundo é fruto da hegemonia do cristianismo – de identidade europeia –, historicamente ao lado do poder político e econômico de Estado até a Revolução Francesa. África foi o lugar em que os "bárbaros" foram situados no mundo pela Europa cristã, segundo Mignolo. Essa visão da África, para o autor, está associada com a força crescente da matriz colonial de poder, possibilitada pela conquista da América. Daí podemos ver o racismo.

A divisão em raças deu lugar, para Quijano,[231] a uma forma de divisão do trabalho a partir dela. Aos negros, índios e mestiços cabiam certos trabalhos que não poderiam ser feitos por brancos, e podemos nos perguntar: isso é passado?

Assim, a hegemonia europeia se deu a partir da colonização da América pelos ibéricos e esta situação de colonialidade é necessariamente o outro lado da modernidade, a qual tem o capitalismo como principal característica. A partir da América se constitui outro espaço-tempo, material e subjetivamente, que é a modernidade. A Europa não poderia ser o que é hoje se não fosse a América – esta América ainda vista como inferior à Europa.

Quijano, Dussel e Mignolo propõem enxergar a história a partir do outro lado da moeda – não da modernidade, que é a oficial, mas da colonialidade. São dois lados da mesma moeda e duas visões diferentes de um mesmo fenômeno, ainda que apenas uma destas visões nomeie o mundo e, portanto,

---

230 Santo Agostinho (*apud* MIGNOLO, 2007, p. 53). Tradução livre do original em espanhol: El nombre Sem, como es sabido, significa "nombrado", y al linaje de Sem pertenece Jesús. Jafet significa "engrandecimiento" y "en las Casas de Cristo", es decir, que el "engrandecimiento" de las naciones tiene lugar en la Iglesia. El nombre Cam significa "caliente", y el segundo hijo de Noé fue separado de los otros dos, y por ser el hijo del medio no fue incluido en los primeros frutos de Israel ni en la cosecha de los Gentiles. Así, Cam sólo puede vincularse con la raza caliente de los herejes.
231 Quijano ([2000] 2016).

silencie a outra. É o mesmo que Paulo Freire defende, de dar a voz ao oprimido, quem melhor sabe falar de sua própria situação de opressão. Mignolo[232] aponta que se vemos a história a partir da outra face, a da colonialidade, e se concebemos o tempo histórico não linearmente (estando a modernidade europeia à frente e as colônias atrasadas atrás, somente sofrendo as consequências daquela e caminhando para a necessária modernidade), veremos, por exemplo, que não apenas a Revolução Francesa proporcionou ideais de liberdade aos movimentos independentistas das colônias americanas frente às metrópoles europeias, mas a própria Revolução Francesa não teria como existir se não fosse o intenso movimento comercial, gerador de riquezas na Europa, a partir da exploração da América. Assim também foi com a Revolução Gloriosa da Inglaterra. Ou seja, foi a América que possibilitou a Revolução Francesa e a Revolução Gloriosa, e não apenas sofreu as consequências destas em seus movimentos independentistas. É necessário virar a moeda para poder enxergar o que estava oculto, para poder ouvir o que estava silenciado, e, ao ver e ouvir outras coisas, é possível, aos povos americanos, ver-se e ouvir-se de outro jeito, ver e ouvir coisas que redefinam sua própria identidade para, assim, buscar transformar esse mundo que lhes destina um lugar periférico. A libertação não consiste apenas em ocupar outro lugar no mundo, mas em transformar este mundo para que não haja mais exclusões, "um outro mundo possível".

O projeto de europeização do mundo conquistado foi possível a partir de dois mitos que sustentaram a visão de Europa para si mesma: o evolucionismo e o dualismo.[233] O primeiro entende que a Europa representa o ponto de chegada da evolução dos povos; então, todos os não europeus se encontram em um estado primitivo, são atrasados em relação ao que devem ser, ao ponto de desenvolvimento a que devem chegar,

---

232 Mignolo (2007).
233 Quijano ([2000] 2016).

ao progresso que devem alcançar. O segundo define o mundo em polaridades segundo este progresso: moderno/atrasado, civilizado/bárbaro, racional/irracional, mágico-mítico/científico... Esta é a perspectiva histórica dualista/evolucionista:

> Assim, todos os não europeus puderam ser considerados, de um lado, como pré-europeus e, ao mesmo tempo, dispostos em certa cadeia histórica e contínua desde o primitivo ao civilizado, do irracional ao racional, do tradicional ao moderno, do mágico-mítico ao científico. Em outras palavras, a partir do não europeu/pré-europeu a algo que, com o tempo, se europeizará ou se "modernizará".[234]

Foi essa visão de si mesma que possibilitou à Europa colocar-se como dominadora do mundo, visão alastrada e aceita pelo mundo, visão ainda hoje hegemônica, agora compartilhada com os Estados Unidos. A visão dualista/evolucionista se impôs tanto para os dominadores como para os dominados. Segundo Quijano, essa é uma forma de produzir conhecimento que possibilita o padrão mundial de poder como colonial/moderno, capitalista e eurocentrado. Mignolo[235] lembra que para os povos indígenas, colocados "fora da civilização", os opostos podem coexistir sem se negar. Esta é uma importante transformação na elaboração do conhecimento e da perspectiva decolonial, fora da lógica binária eurocêntrica. Visto pelo outro lado da moeda, a "civilização" europeia foi genocida, portanto, bárbara. "Se X e não X coexistem, então há que se

---

234 Id. ibid., p. 225. Tradução livre do original em espanhol: Así todos los no-europeos pudieron ser considerados, de un lado, como pre-europeos y al mismo tiempo dispuestos en cierta cadena histórica y continua desde lo primitivo a lo civilizado, de lo irracional a lo racional, de lo tradicional a lo moderno, de lo mágico-mítico a lo científico. En otras palabras, desde lo no-europeo/pre-europeo a algo que en el tiempo se europeizará o "modernizará".
235 Mignolo (2007).

analisar a questão de como as diferentes estruturas da civilização podem deixar a barbárie de lado. Esse é, precisamente, o objetivo das lutas e dos diálogos interculturais (...)".[236] Essa coexistência de opostos sem um negar ao outro é fundamental na visão libertadora que se tem sobre o processo saúde-doença e sobre a educação em saúde libertadora.

O eurocentrismo é um conceito-chave para se compreender esta hegemonia não só econômica, mas cultural, simbólica, de construção de subjetividade.

> Eurocentrismo é, aqui, o nome de uma perspectiva de conhecimento cuja elaboração sistemática começou na Europa Ocidental antes de meados do século XVII, ainda que algumas de suas raízes são, sem dúvida, mais velhas, inclusive antigas, e que nos séculos seguintes se fez mundialmente hegemônica percorrendo o mesmo canal do domínio da Europa burguesa. Sua constituição aconteceu associada à específica secularização burguesa do pensamento europeu e a experiência e necessidades do padrão mundial de poder capitalista, colonial/moderno, eurocentrado, estabelecido a partir da América.
> Não se trata, em consequência, de uma categoria que implica toda a história congnitiva em toda a Europa, nem na Europa Ocidental em particular. Em outros termos, não se refere a todos os modos de conhecer de todos os europeus e em todas as épocas, e

---

236 Id. ibid., p. 23. Tradução livre do original em espanhol: Si X y no X coexisten, entonces hay que analizar la cuestión de cómo las diferentes estructuras de la civilización pueden dejar la barbarie de lado. Ese es, precisamente, el objetivo de las luchas y los diálogos interculturales (...).

sim a uma específica racionalidade ou perspectiva de conhecimento que se faz mundialmente hegemônica colonizando e sobrepondo-se a todas as demais, anteriores ou diferentes, e a seus respectivos saberes concretos, tanto na Europa como no resto do mundo.[237]

O eurocentrismo conseguiu se impor instalando o que Quijano chama de colonialidade do poder. Um poder sobre as colônias que instalou um novo padrão de poder mundial. Neste processo são atribuídas identidades geoculturais. Alguns elementos possibilitaram concretamente este resultado.

Em primeiro lugar, expropriaram das populações colonizadas – dentre suas descobertas culturais – aquelas que eram mais aptas para o desenvolvimento do capitalismo e em benefício do centro europeu. Em segundo lugar, reprimiram, tanto como puderam, quer dizer, com várias intensidades segundo os casos, as formas de produção de conhecimento dos colonizados, seus padrões de produção de sentidos, seu

---

[237] Quijano ([2000] 2016, p. 218-219). Tradução livre do original em espanhol: Eurocentrismo es, aquí, el nombre de una perspectiva de conocimiento cuya elaboración sistemática comenzó en Europa Occidental antes de mediados del siglo XVII, aunque algunas de sus raíces son sin duda más viejas, incluso antiguas, y que en las centurias siguientes se hizo mundialmente hegemónica recorriendo el mismo cauce del dominio de la Europa burguesa. Su constitución ocurrió asociada a la específica secularización burguesa del pensamiento europeo y a la experiencia y las necesidades del patrón mundial de poder capitalista, colonial/moderno, eurocentrado, establecido a partir de América.
No se trata, en consecuencia, de una categoría que implica a toda la historia cognoscitiva en toda Europa, ni en Europa Occidental en particular. En otros términos, no se refiere a todos los modos de conocer de todos los europeos y en todas las épocas, sino a una específica racionalidad o perspectiva de conocimiento que se hace mundialmente hegemónica colonizando y sobreponiéndose a todas las demás, previas o diferentes, y a sus respectivos saberes concretos, tanto en Europa como en el resto del mundo.

universo simbólico, seus padrões de expressão e de objetivação da subjetividade. A repressão neste campo foi conhecidamente mais violenta, profunda e duradoura entre os índios da América ibérica, os quais foram condenados a serem uma subcultura camponesa, iletrada, despojando-os de sua herança intelectual objetivada. (...) Em terceiro lugar, forçaram – também com variadas intensidades em cada caso – os colonizados a aprenderem parcialmente a cultura dos dominadores em tudo o que fosse útil para a reprodução da dominação, seja no campo da atividade material, tecnológica, como da subjetiva, especialmente religiosa. É este o caso da religiosidade judaico-cristã. Todo este agitado processo implicou, a longo prazo, a colonização das perspectivas cognitivas, dos modos de produzir ou atribuir sentido aos resultados da experiência material ou intersubjetiva, do imaginário, do universo de relações intersubjetivas do mundo, da cultura, em suma.[238]

---

238 Id. ibid., p. 209-210. Tradução livre do original em espanhol: En primer lugar, expropiaron a las poblaciones colonizadas – entre sus descubrimientos culturales – aquellos que resultaban más aptos para el desarrollo del capitalismo y en beneficio del centro europeo. En segundo lugar, reprimieron tanto como pudieron, es decir en variables medidas según los casos, las formas de producción de conocimiento de los colonizados, sus patrones de producción de sentidos, su universo simbólico, sus patrones de expresión y de objetivación de la subjetividad. La represión en este campo fue conocidamente más violenta, profunda y duradera entre los indios de América ibérica, a los que condenaron a ser una subcultura campesina, iletrada, despojándolos de su herencia intelectual objetivada. (...) En tercer lugar, forzaron – también en medidas variables en cada caso – a los colonizados a aprender parcialmente la cultura de los dominadores en todo lo que fuera útil para la reproducción de la dominación, sea en el campo de la actividad material, tecnológica, como de la subjetiva, especialmente religiosa. Es este el caso de la religiosidad judeo-cristiana. Todo ese accidentado proceso implicó a largo plazo una colonización de las perspectivas cognitivas, de los modos de producir u otorgar sen-

Aqui se reafirma a visão histórica evolucionista/dualista, na medida em que, para conseguir este resultado, segundo Quijano, os europeus geraram uma nova perspectiva temporal da história, relocalizando os povos colonizados no passado de uma trajetória histórica cujo cume é ocupado por eles próprios, europeus. A partir deste "centro", deste "ser", todo o demais é "periférico", é "não ser". É do centro que advém o conhecimento válido para todos, este conhecimento que reconhece o outro apenas como primitivo, atrasado. Portanto, segundo o autor, foi a partir da Europa que se iniciou um processo de reidentificação histórica, de atribuição de novas identidades geoculturais. E esta visão foi aceita pelo "outro lado da moeda". Dussel faz a crítica à filosofia que impera na América:

> Os filósofos modernos europeus pensam a realidade que se lhes apresenta: a partir do centro interpretam a periferia. Mas os filósofos coloniais da periferia repetem uma visão que lhes é estranha, que não lhes é própria: veem-se a partir do centro como não ser, nada, e ensinam a seus discípulos, que ainda são algo (visto que são analfabetos dos alfabetos que se lhes quer impor), que na verdade nada são; que são como nadas ambulantes da história. Quando terminaram seus estudos (como alunos que ainda eram algo, porque eram incultos da filosofia europeia), terminam com seus mestres coloniais por desaparecer do mapa (geopoliticamente não existem, e muito menos filosoficamente). Esta triste ideologia com o nome

---

tido a los resultados de la experiencia material o intersubjetiva, del imaginario, del universo de relaciones intersubjetivas del mundo, de la cultura en suma.

de filosofia é a que ainda se ensinava na maioria dos centros filosóficos da periferia pela maioria dos professores.[239]

Mignolo[240] aponta que as sociedades que não tinham escrita alfabética e as que não se expressavam nas seis línguas imperiais da Europa moderna – espanhol, português, francês, italiano, inglês e alemão – eram consideradas sem história, uma vez que esta é privilégio da modernidade europeia. Em consequência, para ter uma história é preciso deixar-se colonizar, deixar-se dominar, voluntariamente ou não, por uma perspectiva da história considerada modelo oficial. Esta situação de colonialidade gera o que o autor denomina de "ferida colonial", o sentimento de inferioridade imposto aos seres humanos que não se encaixam neste modelo eurocentrado, o que também inclui, atualmente, o centralismo dos Estados Unidos.

Nesta nomeação do "outro", que também é praticada pela ciência e que fabrica uma realidade, este é visto de forma homogeneizadora e estigmatizada.

A homogeneização instaura o monoculturalismo. Para o caso latino-americano, produto dessa tentativa de homogeneização promovida durante a época da colônia, a partir da cultura de raiz étnica europeia, as outras culturas (de povos originários, de afrodescendentes, de grupos populares, entre outros) que não se encaixaram no perfil dessa racionalidade foram colocadas fora da totalidade (...), e, consequentemente, desqualificadas e tidas como inferiores, não eruditas, denominadas

---

239 Dussel (1977, p. 18-19).
240 Mignolo (2007).

geralmente como *bárbara*. Gerando uma percepção distorcida a respeito das culturas consideradas *periféricas*, justificam-se práticas sociais que produzem desigualdades, discriminações, desqualificação de culturas e saberes. A Alteridade, a cultura dos pobres, das nações oprimidas, das classes marginalizadas, as chamadas culturas populares, constitui o *não ser*. Colocada em condições assimétricas, a cultura do *Outro* é folclore, sua espiritualidade é crença ou superstição, sua razão é emoção; sua visão de mundo e sua forma de interagir nele são usos e costumes. Igualmente são inferiores suas produções culturais (artesanato), sua língua (dialeto), seus conhecimentos (saberes) e seus rituais (magia).[241]

Mignolo assinala que "desde o início do século XVI, as histórias e as línguas das comunidades indígenas 'se fizeram históricas' no momento em que perderam sua história. Em outras palavras, passaram a ser culturas de museu ao deixarem de ser história viva".[242]

A libertação só é possível a partir da valorização de sua própria história. Em termos coletivos, isto significa a valorização da cultura própria como uma referência de dentro, sempre ressignificada. Petronilha Beatriz Gonçalves e Silva, a partir da teoria dusseliana, demonstra esta afirmativa a partir do significado do pássaro Sankofa, um dos símbolos com que

---

241 Araújo-Olivera (2014, p. 80-81, grifos no original).
242 Mignolo (2007, p. 51). Tradução livre do original em espanhol: Desde el inicio del siglo XVI, las historias y las lenguas de las comunidades indígenas 'se volvieron históricas' en el momento en que perdieron su historia. En otras palabras, pasaron a ser culturas de museo al dejar de ser historia viva.

o povo africano Akan, do noroeste do continente, expressa seu pensamento:

> Trata-se de um pássaro grande cujo pescoço comprido volta para trás, a fim de se alimentar, coletando sementes que caem das árvores e ficam em sua plumagem. Esse símbolo africano expressa: *Para avançar e projetar o futuro, tens que olhar para o passado e com ele aprender*. Essa filosofia sublinha que o passado não é uma prisão, mas oferta de referências sempre presentes que ajudam a construir o futuro. É importante destacar que, na perspectiva do Sankofa, qualquer edificação humana, inclusive planejar o futuro, não é iniciativa individual, solitária. Em outras palavras, preciso da minha comunidade para fortalecer as minhas iniciativas e planejar o meu futuro, que faz parte do futuro e do fortalecimento da comunidade.[243]

Este sentido comunitário é imprescindível em qualquer proposta libertária, apontando para uma lógica solidária que faz frente à lógica individualista liberal. Somente comunitariamente se pode encontrar e valorizar as raízes, elemento base para a identidade cultural.

Para Dussel, o mundo é compreendido em termos de totalidades, o "sistema-mundo" referido anteriormente. Totalidade é o conjunto que dá sentido a uma forma de vida. O mundo é uma totalidade em que as coisas e os seres ganham seu sentido. Não se pode compreender um ser sem se compreender o sentido de seu próprio mundo. Tudo o que

---

243 Gonçalves e Silva (2014, p. 21, grifos no original).

não estiver incluído nesta totalidade estará localizado em sua exterioridade.

O "Outro" é uma categoria situada na exterioridade da totalidade do sistema-mundo. O "Um" está localizado na centralidade do sistema. O "Outro" está localizado na exterioridade do sistema. O "Um" é o "Ser". O "Outro" é o "Não Ser". Tudo o que é compreensível a partir da lógica do sistema é o "Um", e o "Outro" é aquele que não se encaixa, que não pode ser compreendido a partir da totalidade do sistema. Estas designações se fazem presentes no cotidiano da vida e também na ciência. Há várias totalidades, de acordo com as várias lógicas de organização humana, mas é por um ato de dominação que uma totalidade pretende ser a totalidade universal.

> O mundo diário, ingênuo e óbvio, dentro do qual se mora, cada dia é uma totalidade no tempo e no espaço. Como totalidade no tempo, é uma retenção do passado, uma colocação do projeto fundamental futuro e um viver as possibilidades que dependem de tal futuro. Como totalidade espacial, o mundo sempre situa o eu, o homem ou o sujeito como centro; a partir de tal centro se organizam espacialmente os entes desde os mais próximos e com maior sentido até os mais distantes e com menor sentido: estes últimos são os entes periféricos.[244]

Dussel sustenta que a filosofia europeia deu preponderância quase exclusiva à temporalidade, privilegiando, assim, o futuro, o projeto. A noção de projeto traz a razão de ser do homem como "poder-ser", mas o autor compreende que "o projeto é a possibilidade fundamental do 'mesmo'. O mesmo

---

[244] Dussel (1977, p. 30).

que já se é, é o que em última análise se intenta" (...), sendo a "atualização daquilo que está em potência no mundo vigente".²⁴⁵ Ao contrário, a espacialidade "privilegia o 'passado' temporal como o 'lugar' onde nasci. O onde-nasci é a predeterminação de toda outra determinação".²⁴⁶

> Nascer entre os pigmeus da África ou num bairro da Quinta Avenida de Nova York certamente é nascer da mesma forma. Mas é nascer em outro mundo, é nascer especialmente num mundo que predetermina como passado, e por isso determina, nunca absolutamente, mas é suficiente que determine radicalmente a implantação do projeto futuro. Aquele que nasceu entre os pigmeus terá o projeto de ser um grande caçador de animais; aquele que nasceu em Nova York forjará o projeto de ser um grande banqueiro, isto é, caçador de homens. (...) Dizer o mundo é enunciar um projeto temporalmente futuro; é igualmente enunciar um passado dentro de uma espacialidade que por ser humana significa ser centro do mundo, mas tal mundo pode ser periférico de outros mundos. Por isso nossa filosofia da libertação fixará sua atenção no passado do mundo e na espacialidade, para detectar a origem, a arqueologia de nossa dependência,

---

245 Id. ibid., p. 30.
246 Id. ibid., p. 30-31.

debilidade, sofrimento, aparente incapacidade, atraso.[247]

Valdir Borges, aproximando a pedagogia libertadora, ou da libertação, da filosofia da libertação e da teologia da libertação, lembra que a invasão cultural, categoria trabalhada por Freire, desfigurou a identidade latino-americana. O autor situa a categoria de exterioridade, central no pensamento de Dussel, o qual se baseou em Emmanuel Levinas como ponto de partida da compreensão da realidade latino-americana:

> Esta categoria deverá ser compreendida como transcendentalidade interior à totalidade, do contrário, chegaríamos ao equívoco de pensar que, aquela que está além do horizonte do ser do sistema, o é de maneira total, sem nenhuma participação no interior do sistema. É neste olhar, voltado para a realidade, para a práxis histórico-social dos povos latino-americanos, a partir de uma nova ótica, dos oprimidos, como exterioridade, que se constitui uma nova realidade histórica, como também se estabelece um projeto libertador articulado pela Filosofia, pela Teologia e pela Pedagogia.[248]

Situados na exterioridade da totalidade, os países "periféricos" são colocados como dependentes dos países centrais. Segundo Freire,[249] a sociedade dependente é uma sociedade silenciosa. A dependência gera exclusão e marginalidade nos diferentes âmbitos da vida, mas também gera uma outra forma

---

247 Id. ibid., p. 31.
248 Borges (2013, p. 134).
249 Freire (2009).

de pensar, própria de quem sofre a dependência. A dependência é uma categoria epistemológica que de situação social passa a ser uma atitude social, o ponto de partida do discurso libertador da América Latina no qual a pedagogia, a filosofia e a teologia da libertação se inserem.[250] Todos estes três movimentos teóricos surgem na América Latina nos anos 1960, década em que este continente sofria o início de ditaduras militares, patrocinadas pelos Estados Unidos em sua pretensão imperialista no contexto da Guerra Fria.[251]

Borges[252] demonstra que a teoria da dependência, surgida na América Latina nos anos 1950, explica muito bem que os países latino-americanos não se encontram em uma situação de pobreza material porque são "atrasados" ou incompetentes em si mesmos. Eles assim estão por uma relação de dependência imposta pelos países ricos do norte. É próprio do sistema capitalista de produção (material e de subjetividades) produzir os "restos", porque são eles que possibilitam a riqueza da minoria. Então, a situação de pobreza material dos países do sul precisa ser compreendida correlativamente à exploração dos países do norte.

Mas esta compreensão não pode naturalizar este padrão de desenvolvimento imposto a todos. O desenvolvimento capitalista – e seu correlato de eficiência, produtividade – não pode ser naturalizado, e sim compreendido como um produto histórico, portanto construído, não natural. E se compreendido em termos de totalidade, então nos é fácil averiguar que tudo o que não é identificado com os padrões do centro é co-

---

250 Borges (2013).
251 A Guerra Fria foi o nome dado à disputa estratégica dos países pelas duas grandes potências que emergiram após a Segunda Guerra Mundial, Estados Unidos (capitalista) e União Soviética (socialista). É como se o mundo tivesse sido dividido entre capitalistas e socialistas. Ao contrário do que o nome "guerra fria" pode sugerir, ela não foi isenta de intervenções bélicas, ao contrário, foi um período de intenso militarismo daqueles dois países no intento de dominar países considerados periféricos. As ditaduras da América Latina, por exemplo, tiveram o patrocínio dos Estados Unidos no contexto da Guerra Fria, assim como várias ações econômicas e até educativas em nossos países. No entanto, essas ações não colocavam Estados Unidos e União Soviética em confronto direto. A Guerra Fria durou de 1945 (fim da Segunda Guerra Mundial) a 1991 (dissolução da União Soviética).
252 Borges (2013).

locado na periferia, na exterioridade do sistema. O "Outro" aí se situa.

Então, o "Outro" é o sem-cultura, sem-deus, sem-identidade, sem-conhecimento, sem-história, sem-medicamentos. É o bárbaro, aquele que necessita ser salvo pela civilização. Até mesmo o termo "pobreza" necessita ser delimitado em relação à pobreza material, não o generalizando, pois é pela generalização deste termo que se chega à noção de "pobreza cultural". Cultura erudita que julga todas as demais formas de cultura como inferiores, como "não cultura". O "não ser".

É necessário também contextualizar a pobreza em seu sentido material. Uma coisa é apontar a falta de acesso de parcelas da população às condições materiais necessárias para uma vida digna; então, estaremos falando de injustiça social. Outra coisa é reconhecer somente um modo de vida legitimado pela totalidade; desta forma, só ser reconhecido o modo de vida próprio da acumulação de bens, de consumo. Todas as demais formas de vida, assim, seriam consideradas "pobres". Mas de qual pobreza estamos falando?

Somente a partir de uma colonialidade é que pessoas latino-americanas têm sobre si o mesmo olhar de exclusão vindo do colonizador. E é assim que aceitamos que nossa história é nova em relação à velha história do mundo europeu, que reconhecemos como superiores a música, a moda, o cinema, a ciência, o idioma, a comida, a religião, a economia, as cidades da centralidade do mundo, e queremos ter estas coisas e ser deste jeito. Assim, se não é possível ter o original, nos contentamos com a imitação e ficamos de costas a tudo o que compõe nossa história original, inclusive o padrão de saúde-doença adotado e a consequente forma de agir sobre a saúde e sobre a doença. E também a consequente ação educativa em saúde. O normal e o patológico.

A libertação implica no rompimento de imitação de modelos, na busca por refletir soluções próprias para necessidades próprias, relativas à situação histórico-social.[253] Como

---

253 Id. ibid.

sustenta Dussel, implica na construção de epistemologias próprias de quem se encontra na exterioridade do sistema, epistemologias que incluam o "outro".

Dussel chama a atenção para o fato de que a vida cotidiana é vivida como se fosse natural, em uma "ingenuidade acrítica"; não conseguimos estabelecer distanciamento crítico do que está próximo de nós cotidianamente. É mais fácil ser crítico em relação ao que está distante:

> (...) o homem cotidiano da cultura ocidental se considera crítico com relação à ingenuidade do homem primitivo ou selvagem. Já não vê o sol como um deus, como o viam os aztecas, os egípcios e ainda hoje os esquimós, povos animistas da África ou da Ásia. Todavia, aceitam ingenuamente que sua cultura, seu poder político, o domínio de seus exércitos é justo; expande por toda a terra a democracia e a liberdade. Todo este sistema de ideologias é parte de uma cotidianidade ingênua que manipula instrumentos.[254]

Assim, Dussel aponta que o cientista acredita em sua criticidade e não enxerga que seu sistema de verdade também se situa em uma cultura. Acreditar que sua ciência está isenta de sua cultura é ingenuidade e tanto mais perigosa quanto não enxergar que esta ciência cumpre um papel de dominação.

Desse modo, foi a partir do eurocentrismo que foi possível a periodização da "História Universal" na conhecida Pré-História (a história só é considerada a partir da escrita, desvalorizando-se as culturas orais), Antiga, Média, Moderna e Contemporânea. Na América Latina, costuma-se dizer que

---

254 Dussel (1977, p. 38-39).

a História começa já na Idade Moderna, com seu descobrimento pelos europeus no final do século XV. Antes, não havia História. Somente assim se compreende a designação de "Novo Mundo" dada pelos europeus, os do "Velho Mundo", ao nosso continente. E o pior de tudo é que os próprios latino-americanos se sentem "o novo mundo", negando suas raízes, tão antigas como as europeias, e buscando "correr atrás" do "prejuízo" de não ter tido história.

Somente assim também é possível aceitar que os países latino-americanos são subdesenvolvidos, ou, em uma tentativa de apostar em seu sucesso, são países "em desenvolvimento". Mas qual desenvolvimento? Aceitamos o desenvolvimento capitalista europeu, e atualmente o estado-unidense, como o desenvolvimento padrão para todos? Aceitamos esta forma de vida como a desejável para todos? O que é a "saúde moderna" hoje? É esse ideal de saúde que buscamos?

É neste sentido que Dussel faz a crítica ao sistema de pensamento que apenas reconhece a totalidade, com a consequente negação do "Outro". A dominação somente é possível quando um ser, que se considera "o Ser", olha para outro ser e não o enxerga como tal, somente o enxerga como "não ser", como "Outro". E, assim, é necessário transformá-lo em "Ser" ou, então, que ele desapareça. Não é a partir do "Ser" que virá a libertação, mas do "Não ser", do "Outro". Para tal, ele necessita ser ouvido. O "Outro" tem cara, tem nome, mas para vê-lo é necessária uma proximidade. Como afirma o autor, a experiência da proximidade é a fonte criativa para toda ética possível, de abertura ao outro. A libertação parte, necessariamente, de ouvir o "Outro", não para transformá-lo no mesmo "Um", e sim para que a totalidade seja modificada a ponto de não mais produzir a exterioridade e, desta forma, deixar de produzir "Outros". Por isto o projeto libertador é revolucionário, porque atua, necessariamente, na estrutura do sistema.

(...) nesse *mundo* que todos se exibem
(...) como o próprio, de repente, de

maneira inesperada, surge *alguém*, outro ser humano, outra biografia, outro mundo, outro tempo, outra história. Não se pode *com-pre*[e]*nder* o mundo do Outro, como se *interpretam* as coisas, os entes. Se o *Outro/a* não se *revela*, nada se pode saber dele/a.[255]

O "Outro" não pode manifestar-se a partir do meu mundo, por isso a necessidade de guardar silêncio para ouvi-lo. Somente assim o "mistério" que é o "Outro" poderá se manifestar. A "passividade" (poderíamos dizer, a "passividade da escuta ativa") da escuta antecede toda práxis libertadora.[256]

Aqui merece a inclusão de um educador espanhol – mesmo que não se insira na tradição da perspectiva decolonial –, uma vez que suas reflexões vão nesta mesma direção do "encontro". Jorge Larrosa Bondía fala que nosso tempo impossibilita a experiência, definida como tudo aquilo que nos acontece. A experiência não é o que acontece, mas aquilo que nos acontece, que nos toca, o que implica em que tenhamos que deixar as coisas nos acontecerem, e não apenas observar o que ocorre. Em nosso tempo, analisa o autor, nunca aconteceram tantas coisas, mas a experiência é cada vez mais difícil; e isto se deve: pelo excesso de informação, que muitas vezes é antiexperiência; pelo excesso de opinião; pela falta de tempo; pelo excesso de trabalho.

> A experiência, a possibilidade de que algo nos aconteça ou nos toque, requer um gesto de interrupção, um gesto que é quase impossível nos tempos

---

255 Id. (2016, p. 119, grifos no original). Tradução livre do original em espanhol: (...) en ese *mundo* que todos despliegan (...) como el propio, de pronto, de manera inesperada, surge *alguien*, otro ser humano, otra biografía, otro mundo, otro tiempo, otra historia. No se puede *com-prender* el mundo del Otro como se *interpretan* las cosas, los entes. Si el *Otro/a* no se *revela*, nada se puede saber de él/ella.

256 Id. ibid.

que correm: requer parar para pensar, parar para olhar, parar para escutar, pensar mais devagar, olhar mais devagar, e escutar mais devagar; parar para sentir, sentir mais devagar, demorar-se nos detalhes, suspender a opinião, suspender o juízo, suspender a vontade, suspender o automatismo da ação, cultivar a atenção e a delicadeza, abrir os olhos e os ouvidos, falar sobre o que nos acontece, aprender a lentidão, escutar os outros, cultivar a arte do encontro, calar muito, ter paciência e dar-se tempo e espaço.[257]

Esta experiência, tão difícil nestes "tempos modernos", é o que possibilita o efetivo encontro, o olhar, o ouvir, o buscar o outro. Conquistar este tempo, hoje, significa situar-se fora da totalidade, colocar-se à margem, e dali buscar construir uma nova totalidade.

Buscando uma "ética da libertação", Dussel[258] enumera três princípios fundamentais. O primeiro seria o material, cujo valor fundamental é o da vida. A vida humana e as condições para que ocorra: o alimento, a vestimenta, o abrigo. A necessária condição para que todos os humanos tenham esta vida material. A afirmação da vida.

O segundo princípio é o formal, o como se faz, como se atua. Este princípio tem como base o consenso de todos, a necessária atitude de ouvir a todos e a condição para que todos participem das designações do conjunto. A afirmação da voz, da participação.

O terceiro princípio é o da factibilidade. É necessário que o que se quer atingir seja possível. Ir atrás de algo impossível

---

257 Larrosa Bondía (2002, p. 24).
258 Dussel (2016).

traria a desesperança. O "novo" como possível. A afirmação do possível. Nesta construção, há o momento da análise crítica, a qual enxerga a produção da exterioridade pela totalidade e, assim, enxerga o "Outro". Há o momento da negação desta negação, desta condição de exterioridade, o necessário não reconhecimento das estruturas sociais, epistemológicas, legais, econômicas, religiosas, que produzem a dominação. Esta negação implica em não ter medo de empreender o novo. E há também o momento da afirmação, da construção de uma nova totalidade, multicultural.[259] Mas Dussel afirma que esta nova totalidade, com o tempo, produzirá outras exterioridades, sendo fundamental sempre a análise crítica, com a consequente reformulação da totalidade. E se este movimento é ininterrupto, é tão somente porque a vida é indeterminada e precisamos inventá-la e reinventá-la. É fundamental o raciocínio do autor de que o ato humano é sempre imperfeito, por isto sempre haverá erros, mas estes erros não podem impedir a ação, pois "caminhante, não há caminho, o caminho se faz caminhando". É necessária a práxis. Todas estas questões também são defendidas por Paulo Freire.

Dussel[260] designa "pretensão de bondade" o ato em direção à ética de libertação, e é uma pretensão porque ainda não é realidade e pode não se realizar. E sempre esta pretensão de bondade gerará negatividade, trará efeitos negativos para alguns, os quais configurar-se-ão no "Outro" do novo sistema. Não há perfeição humana. Segundo o autor, o reconhecimento dos inevitáveis erros enobrece os que têm honesta pretensão de bondade crítica. Freire dizia que aquilo de que mais gostava nele mesmo era sua incompletude.

E é por isso que é fundamental ouvir este "Outro". Somente ele pode dizer como a pretensão de bondade, mesmo sem querer, o atingiu negativamente. Como se percebe, Dussel, com a filosofia da libertação, e Freire, com a pedagogia

---

259 Id. ibid.
260 Id. ibid.

da libertação, se situam no mesmo contexto político, social e teórico.

E voltamos a Fanon no seu apelo a um projeto de libertação dos países colonizados, libertação que implica em não se definirem em relação aos valores que os antecederam, e sim construírem valores, métodos e estilos específicos. A libertação implica também na subjetividade, na expulsão do opressor que habita o oprimido, implica no processo de construção de novas subjetividades.

> A discussão do mundo colonial pelo colonizado não é um confronto racional de pontos de vista. Não é um discurso sobre o universal, mas a afirmação desenfreada de uma singularidade admitida como absoluta. O mundo colonial é um mundo maniqueísta. (...) Como que para ilustrar o caráter totalitário da exploração colonial, o colono faz do colonizado uma espécie de quintessência do mal. (...) O indígena[261] é declarado impermeável à ética, ausência de valores, como também negação dos valores. É, ousemos confessá-lo, o inimigo dos valores. Neste sentido, é o mal absoluto. Elemento corrosivo, que destrói tudo o que dele se aproxima, elemento deformador, que desfigura tudo o que se refere à estética ou à moral, depositário de forças maléficas, instrumento inconsciente e irrecuperável de forças cegas.[262]

---

261 "Indígena" na obra de Fanon se refere genericamente aos povos originários dos países colonizados. Especificamente, ele se refere aos nativos da Argélia, país do norte africano colonizado pela França.

262 Fanon (1968, p. 30-31).

O "Outro" considerado sub-humano necessita libertar-se da opressão que o anula como ser, que lhe impede de viver sua vocação ontológica de "ser mais". Libertação que é processo, o mesmo processo de sua humanização. Os sujeitos envolvidos em processos educativos engajados nesta libertação precisam estar vigilantes para não caírem na reprodução de caminhos opressores, em não produzirem novas exterioridades. E mais vigilantes ainda para, quando caírem, terem a coragem de assim se enxergarem e mudar de percurso, num movimento perene de reconstrução, própria do inacabamento.

* * *

A partir da perspectiva decolonial se pode pensar, no nosso caso, a educação, a saúde, a educação em saúde, todas estas baseadas nas práticas decoloniais.

Mignolo defende que os projetos decoloniais sejam pluriversais, e não universais, como os da modernidade ocidental. Dussel defende o multiculturalismo. E ambos, assim como Quijano, talvez este tenha sido o primeiro, radicalizam no necessário reconhecimento da geografia e geopolítica do saber. Seria o mesmo, talvez, do necessário reconhecimento da geopolítica em que se inscreve um país, não se podendo nunca compreender o que ocorre nele internamente sem compreender a situação do continente em que se está situado e também a situação mundial.

> Quando digo "de qual" (no sentido de localização espacial e temporal) suponho que o conhecimento não é algo que se produz de um não lugar pós-moderno, pelo contrário, o conhecimento sempre tem uma localização geo-histórica e geopolítica na diferença epistêmica colonial. Por esta razão, a geopolítica do conhecimento

> é a perspectiva necessária para que se desvaneça a suposição eurocêntrica de que o conhecimento válido e legítimo se mede de acordo com parâmetros ocidentais, assim como os projetos econômicos mundiais devem contar com a aprovação do Banco Mundial e do FMI.[263]

Ao situar geopoliticamente o conhecimento, tem-se a possibilidade de optar por qual conhecimento se vai produzir, a partir de qual "cara da moeda". Permanecer na lógica centralista, dualista, evolucionista, homogênea – a lógica da modernidade –, ou fortalecer a lógica marginal, diversa, complexa, heterogênea – a lógica da colonialidade. Na educação, é necessário escolher entre a educação bancária e a educação libertadora. Há radicalidade nestas escolhas, pois delas deriva o olhar para com o "outro", para com o "mesmo", para consigo mesmo, e daí as relações estabelecidas e a consequente construção do mundo. Escolhas radicais das quais dependerão a quais "autoridades" se escolhe seguir: as que ditam as normas para todo o mundo, ou as pessoas locais convidadas a participar da solução de seus próprios problemas, pois sem elas não há como conhecer estes problemas.

Quijano fala da imagem invertida do espelho:

> Aplicada de maneira específica à experiência histórica latino-americana, a perspectiva eurocêntrica de conhecimento opera como um espelho que

---

[263] Mignolo (2007, p. 66-67). Tradução livre do original em espanhol: Cuando digo "desde el cual" (en el sentido de ubicación espacial y temporal) supongo que el conocimiento no es algo que se produce desde un no-lugar posmoderno; por el contrario, el conocimiento siempre tiene una ubicación geohistórica y geopolítica en la diferencia epistémica colonial. Por esa razón, la geopolítica del conocimiento es la perspectiva necesaria para que se desvanezca el supuesto eurocéntrico de que el conocimiento válido y legítimo se mide de acuerdo con parámetros occidentales, así como los proyectos económicos mundiales deben contar con la aprobación del Banco Mundial y el FMI.

distorce o que reflete. Quer dizer, a imagem que encontramos nesse espelho não é de todo quimérica, uma vez que possuímos tantos e tão importantes traços históricos europeus em tantos aspectos, materiais e intersubjetivos. Mas, ao mesmo tempo, somos tão profundamente diferentes. Daí que quando olhamos nosso espelho eurocêntrico, a imagem que vemos seja necessariamente parcial e distorcida.

Aqui a tragédia é que todos temos sido conduzidos, sabendo ou não, querendo ou não, a ver e aceitar aquela imagem como nossa e como pertencendo somente a nós. Dessa maneira, seguimos sendo o que não somos. E, como resultado, não podemos nunca identificar nossos verdadeiros problemas, muito menos resolvê-los, a não ser de uma maneira parcial e distorcida.[264]

Assim, diante de um projeto dominador ainda hegemônico, "é tempo de aprender a nos libertarmos do espelho eurocêntrico no qual nossa imagem é sempre, necessariamen-

---

264 Quijano ([2000] 2016, p. 225-226). Tradução livre do original em espanhol: Aplicada de manera específica a la experiencia histórica latinoamericana, la perspectiva eurocéntrica de conocimiento opera como un espejo que distorsiona lo que refleja. Es decir, la imagen que encontramos en ese espejo no es del todo quimérica, ya que poseemos tantos y tan importantes rasgos históricos europeos en tantos aspectos, materiales e intersubjetivos. Pero, al mismo tiempo, somos tan profundamente distintos. De ahí que cuando miramos a nuestro espejo eurocéntrico, la imagen que vemos sea necesariamente parcial y distorsionada.
Aquí la tragedia es que todos hemos sido conducidos, sabiéndolo o no, queriéndolo o no, a ver y aceptar aquella imagen como nuestra y como perteneciente a nosotros solamente. De esa manera seguimos siendo lo que no somos. Y como resultado no podemos nunca identificar nuestros verdaderos problemas, mucho menos resolverlos, a no ser de una manera parcial y distorsionada.

te, distorcida. É tempo, enfim, de deixar de ser o que não somos".[265]

Tendo em vista o projeto de libertação da identidade opressora com a correlata construção da identidade possibilitadora do "ser mais", decolonizada, vamos voltar às questões da educação em saúde e verificar os pontos de aproximação e distanciamento entre a pedagogia social e a educação popular.

---

[265] Id. ibid., p. 242, grifo meu. Tradução livre do original em espanhol: es tiempo de aprender a liberarnos del espejo eurocéntrico donde nuestra imagen es siempre, necesariamente, distorsionada. Es tiempo, en fin, de dejar de ser lo que no somos.

> (...) Ali estava a solução. Aceitar o desafio da Fatalidade e entrar na luta.
> Não havia nenhum sentido na rendição e no abandono.
> Era preciso vencer a ideia da morte e da derrota, acreditar na possibilidade da construção dum mundo de beleza e de bondade,
> apesar de toda a lama, de toda a miséria, de toda a dor.

(*O resto é silêncio*, 1943 – Érico Veríssimo, brasileiro)

CONSIDERAÇÕES FINAIS
aproximações e distanciamentos entre a pedagogia social e a educação popular a partir da perspectiva decolonial

Cumpre agora aproximar e distanciar a pedagogia social e a educação popular no contexto da educação em saúde a partir do referencial decolonial.

Retomando meus questionamentos acerca da pedagogia social – questionamentos vindos do meu lugar no mundo, América Latina, e de minha leitura segunda desta teoria em relação à leitura primeira da educação popular –, um primeiro aspecto que me inquietava da pedagogia social era seu objetivo de inserir os indivíduos na sociedade normalizada. Normalizar indivíduos não sugere leitura crítica, ao contrário, indica uma postura conservadora de modificar o indivíduo "desviante da norma" para se adaptar à sociedade, que não necessita ser modificada. Fica mantido, assim, o *status quo*.

Um segundo aspecto que me incomodava nestas leituras, o qual se relaciona com o primeiro, é a ação educativa ser entendida como sendo de transmissão. Se assim compreendido, o ato educativo tampouco será realizado "com o outro", mas "para ele". Mesmo que se pretenda ser "a favor dele", "ele" já terá sido negligenciado como autor de sua história em meio à história coletiva. Pode haver justiça social e democracia construídas "para o outro" e não "com" ele? Estaria sendo indicada uma educação bancária?

E um terceiro ponto de estranheza em relação à pedagogia social é sua insistente referência a projetos individuais de atuação. Esta primazia do individual em detrimento do coletivo não indicaria a inserção na lógica neoliberal individualista? A partir de minha inserção teórica na educação popular, estes termos me causavam estranheza. Agora, a ciência nos exige ir além das primeiras leituras e impressões e escavar o sentido que está por trás dos termos em cada teoria, contextualizá-los, entender a lógica do sistema teórico do qual faz parte. E também considerar que este sistema teórico não é unidirecional e nem atemporal, é elaborado por muitas mãos e em diferentes épocas, o que o torna necessariamente um saber em constante construção.

Seguindo minha trajetória de estudos sobre a pedagogia social – e encontrando a educação social no contexto da educação em saúde –, após um primeiro momento de estranhamento para com seus conceitos, num segundo momento comecei a olhá-la buscando alargar minha própria visão de educação, aprender com ela. E verifiquei que a partir dela se podem pensar aspectos fundamentais do fazer educativo, mas para isto é necessário buscar o sentido de seus termos, e não fixá-los em preconceitos que, por vezes, nos distanciam de "palavras proibidas". Não há que se ter medo das palavras. Há que compreendê-las em seu contexto. O medo nos paralisa ou nos torna violentos, e uma forma de violência é reproduzir estereótipos.

Assim, tecerei algumas reflexões sobre estes três pontos que considero importantes na delimitação entre pedagogia social e educação popular, os quais surgiram de meus estranhamentos para com a pedagogia social: a inserção na sociedade, a transmissão do conhecimento e os projetos individuais.

Segundo a pedagogia social, as pessoas marginalizadas precisam ter "ferramentas" para se locomoverem na sociedade normalizada. Mas isto não quer dizer que estas ferramentas devam negar ou diminuir sua cultura original. Ainda que a ação educativa social tenha como uma de suas direções a promoção da cultura – leia-se cultura normalizada –, isso não implica em uma culturalização acrítica. Esta inserção pode dar-se a partir de uma crítica às dominações entre as culturas em um mundo onde há culturas legitimadas e outras marginais em relação a estas. A pedagogia social nasceu, sim, para inserir as pessoas excluídas no meio social, sem a crítica a este social em seu início. E esta visão acrítica pode ainda estar presente em suas derivações. Mas então, em um segundo momento, encontrei a crítica que dela se faz a esta sociedade atualmente, e críticas muito semelhantes ao modelo biologicista e normalizador que a educação popular em saúde faz no Brasil. O contexto da pedagogia social é o estado de bem-estar, inexistente no Brasil, a ponto de se almejar que políticas sejam feitas para todos, e não apenas para os que se encontram em situação de exclusão. No Brasil também se almejam políticas públicas para todos, mas o princípio da equidade é muito mais necessário aqui do que lá. Há uma aproximação de ambos aportes a partir da crítica que fazem ao sistema classificador da ciência, à estigmatização do "anormal", da própria normalização, da culpabilização da vítima, do modelo biologicista de saúde, da defesa aos direitos de todas as pessoas, da defesa da sociedade justa e democrática. E a consequente crítica ao modelo neoliberal.

Não se pode esquecer que, mesmo que a origem da pedagogia social e da educação social seja para normalizar os sujeitos excluídos, esta era uma ação para se fazer frente a sociedades injustas socialmente. Na Espanha, a educação social é mais assim ainda. Seu compromisso é o de promover as pessoas que se encontram à margem, incluí-las; há aí um compromisso na construção de uma sociedade justa. Vimos como Sáez Carreras e García Molina[266] chamam a atenção para a atuação do educador social no contexto neoliberal.

Este ponto nos direciona à questão da transmissão de conhecimentos no ato educativo. Também em um segundo momento encontrei a noção de que esta transmissão é direcionada a um "sujeito da educação", o qual é, em última

---
266 Sáez Carreras (2013b), García Molina (2013b).

instância, quem decide aprender. A educação é uma relação educativa do educador "com" este sujeito e não "para" ele. Como diz o professor Sáez Carreras em suas aulas ao criticar o termo "intervenção" na educação, este vem primeiramente do campo militar e depois da saúde e do administrativo, não tendo nada a ver com a educação, uma vez que significa "agir sobre" e não "com". Mas podemos pensar que "transmitir" não é necessariamente "intervir", pode estabelecer-se a partir de uma relação que veja o outro como sujeito. É sempre o indivíduo, quando adulto, que decide entrar ou não na relação educativa, não se pode decidir por ele.[267] A educação não "pode tudo", sua especificidade é "educar", e isto implica também em transmitir conteúdos, ainda que essa transmissão possa se dar em uma relação educativa "entre sujeitos".

Assim, há que se pensar o sentido de "transmitir", o que também faz parte de "educar". Há conteúdos que devem ser transmitidos. Há contextos que devem ser desvelados. Agora, estes conteúdos e contextos estão aí para serem debatidos, serem objetos de diálogo na relação educativa. Deve-se levar em conta que quando Paulo Freire dualizou a educação em bancária e libertadora, ele o fez em um contexto político de falta de democracia no Brasil, o que resultou em 20 anos de ditadura civil-militar – contexto em que era necessário deixar as ideias muito claras. Claro que sempre as ideias têm que estar claras para que se saiba o que implicam e para que não se perca o vetor do projeto que queremos construir, o que pode ser uma armadilha que vivemos hoje em dia, pois pensamos que vivemos em uma democracia e que, portanto, tudo já é democrático, inclusive a educação, mas não é assim. Todavia, se a educação bancária segue sendo identificada como a educação tradicional, então temos que resgatar o que é essa pedagogia tradicional e o que é "o tradicional" como um todo. O que quero dizer é que cabe a

---

[267] Sáez Carreras e García Molina (2013).

"radicalidade" de Freire[268] ao dizer que não se liberta com métodos e conteúdos bancários, mas que "o tradicional" em pedagogia não necessariamente é somente bancário. Talvez o desafio seja não dualizar sem perder a radicalidade.

O que cabe à educação? Como diz o professor Sáez Carreras em suas aulas, à educação não cabe "aumentar a autoestima do aluno", isto é para a psicologia. Agora, como tudo está inter-relacionado, a ação educativa poderá causar um efeito de melhoria da autoestima pelo fato de o aluno se ver aprendendo, mas isso não é o objetivo da educação, seu objetivo é que ele aprenda. García Molina[269] diz que o educador social necessita traduzir as questões sociais em educativas, este é seu âmbito, mas isto sem despolitizar a realidade, afinal, o educativo faz parte da ação no social, não é toda a ação. O autor também fala que as funções do educador social são a transmissão cultural, a mediação cultural e social, a geração de contextos educativos com fins da melhoria da vida social dos indivíduos, dos grupos e das comunidades. E de novo nos vemos frente à palavra "transmissão", mas aqui ela ganha um sentido crítico, de resistência à ordem liberal:

> (...) trata-se de que os educadores sociais não se mimetizem com o encargo político, social, jurídico. Trata-se de resistir a se converter em simples operadores analógicos de seus mandatos. Trata-se de traduzir e retraduzir os encargos de integração, normalização, reabilitação, inserção etc. ao discurso pedagógico e às práticas educativas

---

[268] Freire faz uma distinção entre ser "radical" e "sectário". Radical vem de raiz, assim que é importante ser radical para não perder a raiz do que se pensa e se faz. Ser radical implica em buscar a coerência entre o que se pensa, se fala e se faz; implica em ouvir o outro, dialogar com ele, mesmo que se permaneça com as próprias convicções. No sectarismo não é necessário ouvir, pois se está fechado para tudo aquilo que se diferencie de seu próprio pensamento. Assim que a atitude sectária é impossibilitadora do diálogo.

[269] García Molina (2013b).

ancoradas na transmissão e no desenvolvimento da cultura, na mediação social e cultural, na geração de contextos educativos e sociais.[270]

Da educação popular, também há alertas de cuidado para com a prática educativa em saúde:

> (...) devemos ter o máximo de atenção à construção de práticas que garantam uma relação profunda com a vida das classes populares, de forma que se compreenda o que é preciso fazer para que a educação popular não seja uma dentre outras formas de dizer ao outro o que fazer a partir de uma experiência histórica e de condições que lhe são estranhas.[271]

Valla está se referindo à proposta da "conversão" do profissional da saúde à cultura da comunidade onde trabalha para que possa compreender as pessoas que ali vivem. Seria também o que Smeke e Oliveira[272] dizem sobre o fim do trabalho educativo em saúde não ser a saúde, e sim a própria educação, o próprio ato formativo para as pessoas poderem enfrentar suas vicissitudes. Se o fim for a própria saúde, atos autoritários/prescritivos ficam autorizados em nome da "erradicação" destes males, como se fossem pragas. Vai na mesma direção a crítica de Paulo Freire ao termo "erradicação" do analfabetismo: este não é uma praga, e sim a tradução de

---

270 Id. ibid., p. 173. Tradução livre do original em espanhol: (...) se trata de que los educadores sociales no se mimeticen con el encargo político, social, jurídico. Se trata de resistirse a convertirse en simples operadores analógicos de sus mandatos. Se trata de traducir y retraducir los encargos de integración, normalización, rehabilitación, inserción, etc., a discurso pedagógico y prácticas educativas ancladas en la transmisión y desarrollo de la cultura, la medición social y cultural, la generación de contextos educativos y sociales.

271 Valla (2009, p. 589).

272 Smeke e Oliveira (2001).

uma condição estrutural injusta. O que deve ser erradicado não é o analfabetismo (às vezes levando consigo o "analfabeto"), mas sim deve ser transformada a condição social injusta que produz analfabetos em uma cultura letrada por falta de acesso à educação "normalizada".

Isto nos remete à noção coletiva ou individual do processo educativo. Ainda que a ação seja para o grupo, este indivíduo é situado em seu meio, é compreendido como ser social, e é sempre o indivíduo que se alcança ou não. Agora, novamente encontramos a questão: se o indivíduo não decide aprender, não se pode decidir por ele. Nas reflexões de Sáez Carreras e García Molina,[273] compreende-se o sentido deste "individualizado" como distanciamento de atuações padronizadas, estandarizadas, tecnificadas. A ação educativa se volta para pessoas reais, não para classificações que nunca costumam alcançar sujeitos classificados. Individualizar ganha o sentido de "humanizar", personificar, encontrar o indivíduo, que é único, e que é inalcançável pelas classificações científicas.

Minha questão central diante destes questionamentos é: Há espaço para a crítica desta sociedade normalizada no seio da pedagogia social e da educação social? Há espaço para a conscientização freiriana, a qual está no centro da educação popular?

Do Brasil, Paulo Alfredo Schönardie[274] levanta dúvidas sobre se a pedagogia social pode ser nomeada como campo da educação popular, uma vez que não apresenta o conceito de conscientização como aporte teórico e também por ter surgido para integrar os indivíduos à sociedade aos moldes da produção capitalista. Mas considera que, a partir da pedagogia social, a ação de educadores sociais procura, sim, acercar-se de conceitos e métodos da educação popular. No entanto, entende que projetos de inclusão social de pessoas em estado de exclusão são de interesse do Estado para seu

---

273 Sáez Carreras e García Molina (2013).
274 Schönardie ([2015] 2016).

"bom funcionamento", sendo realizados a partir de recursos disponibilizados pela máquina pública. Assim, ele aponta "a dependência de recursos estatais e por outro lado a intervenção a partir do que o Estado quer, ou seja, sua integração ao sistema vigente, e não o protagonismo consciente de libertação dos sujeitos envolvidos".[275] Da mesma forma, o autor também aponta riscos de a educação popular deixar de estar "às margens" a partir de sua oficialização como política pública.

Na introdução deste texto, questionei sobre a separação da pedagogia social da pedagogia. Agora, retomo este questionamento sobre a educação popular: Qual a necessidade do adjetivo "popular" para qualificar o substantivo "educação"? É de educação popular que nos importa falar ou é da educação? Oliveira, Túbero e Nogueira,[276] ao fazerem referência à educação escolar sobre desigualdades étnico-raciais, falam de uma pedagogia que combata o racismo e qualquer forma de discriminação.

> Pedagogia que busque ler o mundo criticamente, desvelando e denunciando desigualdades sociais, políticas, culturais, econômicas, educacionais. Pedagogia que visa o conhecimento, o reconhecimento e a valorização das visões de mundo, das experiências e das expressões culturais próprias de cada povo, africanos, indígenas, europeus e asiáticos, de forma que cada pessoa possa ter sua origem e pertencimento reconhecidos pelos outros, ou seja, tenha reconhecida sua pessoa, distinta, mas

---

275 Id. ibid., p. 11.
276 Oliveira, Túbero e Nogueira (2014).

pessoa, e possa também reconhecer a humanidade do outro, diferente de si.[277]

Os autores falam das exigências de uma educação que se pretende crítica. Aqui, temos a questão: educação popular ou educação? Por um lado, é preciso cuidar para o encontro dos opostos "tudo-nada", no sentido de que se "tudo" é de um jeito, então "nada é", ou, se "todos" são responsáveis por algo, então acaba que "ninguém" o seja, ou, se "temos todas" as estações do ano juntas, então não temos "nenhuma"... Assim também cuidar para que se "tudo" deve ser popular, então "nada" acaba mantendo sua especificidade. Por outro lado, se a especificidade de uma educação popular consiste em um compromisso ético para com a libertação, a democracia e tudo o que daí decorre como projeto social, então talvez o "popular" possa se espraiar e ganhar "toda" a educação. Vale lembrar que a libertação dos oprimidos – o que implica em sua conscientização – também implica na libertação dos que ocupam o lugar social da dominação. Seria semelhante ao que vimos em relação ao ensino de questões étnico-raciais na escola, que pode ajudar a romper com o "complexo de inferioridade" de crianças negras, assim como com o "complexo de superioridade de crianças brancas". Sabemos que a especificidade da educação popular é o compromisso ético-político para com a emancipação das categorias marginalizadas da sociedade, na formação de seu protagonismo. Esta noção não pode ser perdida, sob pena de se perder o "popular". Por outro lado, se este compromisso está presente na "educação" em geral, então esta educação também se fará crítica.

Paralelamente, no campo da saúde talvez o conceito ampliado desta possa definitivamente se tornar hegemônico, abarcando a dimensão biológica, mas não a igualando ao biologicismo. "O problema maior não é a tendência de redução do trabalho em saúde à doença, mas a redução da abordagem

---

277 Id. ibid., p. 146.

dos problemas de saúde à sua dimensão biológica".[278] Talvez a questão não seja a de uma educação popular, mas a de uma educação crítica. Mas então temos sempre que questionar os interesses da educação, como bem situou Freire ao diferenciar educação bancária de educação libertadora, para que não se corra o risco de se perder sua razão de ser, baseada em um distinto projeto de sociedade. Talvez esta também seja a resposta para a especificidade do "social" da "educação social": somente "educação" não contemplava um projeto de sociedade igualitário, ao contrário, a educação escolar de então reproduzia (e ainda reproduz, embora não somente reproduza) a sociedade desigual capitalista com todas as suas exclusões.

Concretizando o olhar em direção ao compromisso decolonial de nossas ciências, talvez seja importante neste momento lembrar as palavras de Quijano ao explicar o eurocentrismo:

> (...) não se refere a todos os modos de conhecer de todos os europeus e em todas as épocas, e sim a uma específica racionalidade ou perspectiva de conhecimento que se faz mundialmente hegemônica, colonizando e sobrepondo-se a todas as demais, anteriores ou diferentes, e a seus respectivos saberes concretos, tanto na Europa como no resto do mundo.[279]

Assim, o eurocentrismo não está "na natureza dos europeus", nem é uma semente destinada a germinar inequivocamente em todos os cantos do mundo. É um sistema hegemônico, construído por pessoas na complexa geopolítica mundial

---

278 Vasconcelos (2011, p. 120).

279 Quijano ([2000] 2016, p. 219). Tradução livre do original em espanhol: (...) no se refiere a todos los modos de conocer de todos los europeos y en todas las épocas, sino a una específica racionalidad o perspectiva de conocimiento que se hace mundialmente hegemónica colonizando y sobreponiéndose a todas las demás, previas o diferentes, y a sus respectivos saberes concretos, tanto en Europa como en el resto del mundo.

e, da mesma forma, poderá dar lugar a outra hegemonia. O conhecimento desafiador do eurocentrismo teria que vir da "não Europa", teria que vir dos que estão "à sua margem", mas isto não significa que europeus não possam aceitar e se inserir neste projeto, aportar algo a ele. Ainda que as questões sociais de América e Europa não sejam as mesmas, portanto, nenhuma compreensão pode substituir a outra, pensamentos vindos de lugares distintos podem, e devem, dialogar, e, tendo claros seus pontos de convergência e divergência, podem se unir na construção de um projeto ético de libertação. Se não reconhecermos esta possibilidade, estaremos caindo na mesma classificação autoritária e homogeneizadora que tanto criticamos, assim como estaremos correndo o risco de estarmos imersos no sectarismo.

A partir do projeto da decolonização, a saúde não pode ser concebida com base no modelo biologicista hospitalocêntrico, o qual reduz a visão de homem a uma máquina biológica e o torna dependente de tecnologias duras,[280] além de absolutizá-lo em sua ignorância em relação aos assuntos de saúde. Este modelo o torna refém da maquinaria moderna da saúde, regida pelos interesses financeiros da indústria farmacêutica e da indústria dos exames. Trata-se de um modelo implacável relacionado à normalização e à consequente estigmatização do "não saudável", operando a culpabilização da vítima na exata medida em que desconsidera o saber comum das pessoas em "levar a vida". É um modelo colonizador que busca a modernização a qualquer custo, arrastando as "resistências" que aparecem no caminho, encaradas como fatores de atraso à chegada do ideal moderno.

---

280 Podemos pensar a existência de três níveis de emprego de tecnologia em saúde: as tecnologias "duras", que correspondem aos equipamentos necessários à realização de exames e procedimentos e também aos medicamentos; as "brandas-duras", que correspondem aos conhecimentos estruturados, como a clínica e a epidemiologia; e as "brandas", que correspondem ao relacionamento do profissional com o usuário, o que envolve toda a relação que estas pessoas podem estabelecer no processo de trabalho em saúde. Esta classificação tem o intento de demonstrar que o componente relacional não é menos importante do que o componente "físico" dos exames e das medicações, uma vez também ser uma "tecnologia" do trabalho em saúde (MERHY, 1997 *apud* MERHY; FEUERWERKER; CECCIM, [2006] 2015).

Se olharmos a "outra cara" desta moeda, necessariamente precisaremos buscar o rosto do outro, ouvir sua voz, olhar seus olhos, compreender seu jeito de "levar a vida", entender em que contexto opera sua dinâmica saúde-doença. Obrigar-nos-emos a situá-lo na complexidade de seu cotidiano, buscar seus saberes, sua inteligibilidade, buscar suas formas tradicionais de tratar a doença, para que possam se somar às formas modernas, se necessário. Precisaremos "desnormalizar" e "desmoralizar" a saúde, vê-la de um modo dinâmico, transgressor a este sistema que a reduz à ausência de doença. Saberemos que a saúde faz parte de algo chamado vida e que esta pode conviver com a doença sem que isto seja um pecado ou uma afronta à ciência e a seu profissional. Encarar a doença como um mal em si ou como uma afronta à ciência abre brecha para atitudes autoritárias de profissionais que se sentem "guerreiros" e que se esquecem, muitas vezes, da causa desta guerra e levam uma guerra particular, amparada por sua própria vaidade, escondida deles próprios sob o manto da benevolência ou mesmo do dever cumprido.

Educar em saúde a partir do projeto decolonizador requer romper o dualismo educador e educando e viver a complexidade da situação do educador-educando e do educando-educador, aprendendo mutuamente em uma relação que reconhece a diferença sem estabelecer desigualdades. Requer partir do mundo dos educandos como ponto de partida, sem que este seja o ponto de chegada, o qual deve ser construído em comunhão. Requer o diálogo, o verdadeiro encontro, a verdadeira experiência de estar com o outro e juntos nos transformarmos, transformando o mundo. Requer considerar o outro como pessoa antes de qualquer conteúdo, de qualquer meta a ser atingida, de qualquer procedimento que deva ser realizado. Requer uma relação entre sujeitos, com todas as vicissitudes que esta relação oferece. Sem caminhos retos. Sem determinismos. Sem compromissos com as planificações a qualquer custo. Sem endeusar os números, as metas, as estatísticas.

Acima de tudo, um projeto decolonizador, em saúde ou em qualquer outra área, requer ter a dimensão de que o colonizado tem o colonizador internalizado, que vive em um contexto social de fragilidade democrática, e que, a qualquer momento, pode rebelar-se autoritariamente por ser esta a linguagem que aprendeu, e porque, acima de tudo, tem medo da liberdade de ser outra coisa que seu modelo opressor lhe oferece, medo de se reinventar. O mesmo medo que os profissionais têm na necessária reinvenção de si mesmos no desenvolvimento do projeto decolonizador. Idas e vindas. Avanços e retrocessos. Totalidades transformadas, mas que, com o tempo, produzem novas exterioridades. Há que se ter, acima de tudo, humildade e coragem de se rever.

Claro está que os contextos de formação da pedagogia social e da educação popular são bastante distintos. Um projeto é europeu, a mesma Europa do "eurocentrismo", colonizadora. Mas uma Europa em outra época, em outro contexto. Especificamente, uma Alemanha vencida nas guerras mundiais. A pedagogia social busca normalizar os indivíduos e os grupos excluídos da sociedade (a minoria de sua população) tendo como fundo o estado de bem-estar social. A princípio, não questiona o sistema, busca inserir as pessoas marginalizadas nele. Mais tarde, começa a questionar o sistema que produz os excluídos. Sua ação é de cunho individual, mesmo que atue em uma comunidade, e continua tendo como objetivo a inserção dos excluídos na sociedade a partir da transmissão de conhecimentos.

O outro projeto é latino-americano, lugar do "colonizado". Um continente expropriado de sua identidade, de sua riqueza, de seu conhecimento. A educação popular busca a conscientização dos grupos excluídos (a maioria de sua população) para que eles possam emergir da situação em que vivem, a qual consideram natural, para então agir na construção de uma nova estrutura, justa e democrática. Desde seu nascimento, a educação popular questiona o sistema e prioriza o trabalho comunitário, ao invés do individual, e a troca entre saberes.

Projetos com gêneses e naturezas distintas, que nem sempre alcançam o objetivo no fazer dos profissionais que têm suas ações com base nestas teorias e que também sofrem modificações ao longo do tempo. Se, por um lado, há uma distinção clara de vetor entre normalizar e conscientizar, atualmente há uma aproximação a partir da crítica que ambas teorias fazem ao sistema classificador da ciência, à estigmatização do "anormal", à normalização, à culpabilização da vítima, ao modelo biologicista de saúde, à defesa dos direitos de todas as pessoas, à defesa da sociedade justa e democrática, e a consequente crítica ao modelo neoliberal. Essas críticas estão presentes nos textos de educação em saúde provenientes da pedagogia social e também da educação popular, sendo centrais na construção do projeto decolonizador.

Proponho que a maior diferença entre pedagogia social e educação popular está em enxergar o outro como ser de conhecimento, ser de cultura, enfim, um ser "não carente". Ainda que ações de educação popular possam reproduzir esta forma de ver e se relacionar com o outro, sua estrutura epistemológica parte de outra base. Ela parte de reconhecer o outro como vítima e como sujeito, este outro portador de todo um universo diferente do legitimado, mas não inferior. A estrutura epistemológica da pedagogia social também parte de reconhecer o outro como vítima e como sujeito, mas não está claro que concebe seu universo como estando no mesmo nível que o legitimado. O "bom" é internalizar o legitimado, para então poder se inserir. Na educação popular, o "bom" é emergir do legitimado e buscar sua identidade para então construir outra legitimidade.

Ainda que seja comum os textos de pedagogia social afirmarem que o trabalho educativo crítico junto aos marginalizados não é benevolência e doação, mas direito das pessoas, seu foco é a inserção no sistema. Assim, mesmo que a cultura das pessoas excluídas seja reconhecida, ela deverá negociar com a cultura legitimada, que parece não ser questionada. Neste contexto, aquela cultura, a despeito do preconizado, é secundarizada, e o mote acaba sendo a introjeção da cultura dominante, da cultura que está no centro. Ela não rompe com o centralismo e com a produção de exterioridades, nem com o outro como um ser carente, o qual é visto a partir de suas carências, e não a partir de suas possibilidades. E não questiona as "carências" próprias do sistema. Há uma absolutização das "carências", herança do modelo eurocêntrico.

A educação popular é radical na afirmação de que as culturas são diferentes, e somente num movimento de dominação é que uma se coloca no centro e julga todas as demais. Sua direção aponta para a valorização das culturas marginais, em sua imposição como "seres", e não como "não seres", na construção de uma outra legitimidade.

Em outros termos, é mais fácil para uma teoria latino-americana, que nasceu da crítica à colonização, reconhecer o outro como diferente, mas não como desigual. É mais difícil para uma teoria europeia, mesmo que tenha nascido da crítica à injustiça do sistema capitalista, reconhecer a igualdade na diferença. Mais ou menos difícil, mas não de forma necessária. Em termos de ação social, estas condições não impedem que os profissionais que atuam a partir da teoria da pedagogia social possam romper com este olhar que situa o outro como aquele que precisa ser ajudado, desenvolvido, instruído, modernizado, como também não impede que profissionais que atuam a partir da teoria da educação popular possam agir a partir da centralidade do seu saber, situando o outro à margem, formando novas externalidades. Tudo é possível e ocorre nos trabalhos cotidianos, o que coloca o imperativo da vigilância perene de sua ação e de sua teoria, para que ambas possam ir na direção da ética desejada, a ética de um mundo sem exclusões.

No contexto latino-americano, a pedagogia social pode ser uma aliada à educação popular, a teoria genuína deste continente, na ação educativa formadora de indivíduos e coletividades, sujeitos de sua história e da história da humanidade. Sujeitos estes tanto "educandos" como "educadores", os quais se fazem cotidianamente, tecidos entre si e mediados pelo mundo. Assim como a educação popular pode ser aliada à pedagogia social em contextos europeus. Se ambas teorias almejam a construção de um mundo em que todos caibam, se ambas fazem a crítica às exclusões próprias do sistema capitalista de produção, então podem ser parceiras nesta ação educativa libertadora das opressões próprias deste sistema. Mas, para isto, seus profissionais necessitam conhecer as semelhanças e as diferenças de seus pressupostos, assim como os contextos em que cada uma germina e se (re)faz – e também suas adaptações em contextos alheios –, em uma relação verdadeiramente dialógica, aprendendo uns com os outros, e assim contribuir para um verdadeiro "encontro de dois mundos".

Ser africano

Chamaram-me de preto
e eu sorri,
pediram que voltasse à África
e eu sorri,
falaram dos meus cabelos
e eu sorri.
cansados partiram,
mas eu os chamei e cantando disse:
Sou Africano,
sou aquele que canta quando tem que chorar,
sou o que dança quando tem que lamentar,
sou celebração,
sou emoção,
sou vida.

Além da pele,
vivo os teus medos,
os teus anseios,
as tuas angústias,
as tuas lamúrias.

Ainda assim sou preto
se assim o disseres,
negro, se o preferires,
Africano, como queiras,
mas teus demônios
não são os meus deuses.

(*"Um pintor de letras"*, 2015 – Mambo Seda, angolano)

REFERÊNCIAS

ALMEIDA FILHO, N.; ROUQUAYROL, M. Z. *Introdução à epidemiologia moderna*. Belo Horizonte/Salvador/Rio de Janeiro: COOPMED-APCE-ABRASCO, 1992.

ARAÚJO-OLIVERA, S. S. Exterioridade: o outro como critério. *In*: OLIVEIRA, M. W.; SOUSA, F. R. (org.). *Processos educativos em práticas sociais*: pesquisas em educação. São Carlos: EdUFSCar, 2014. p. 47-112.

ARROYO, M. G. Educação popular, saúde, equidade e justiça social. *Cadernos CEDES*, Refletindo sobre práticas de educação e saúde, Campinas, v. 29, n. 79, p. 401-416, set./dez. 2009.

ASOCIACIÓN ESTATAL DE EDUCACIÓN SOCIAL (ASEDES). La educación social, escenarios de futuro. *In*: JORNADAS DE LA ASOCIACIÓN ESTATAL DE EDUCACIÓN SOCIAL (ASEDES), 1., 2003, Madri. *Online* [...]. Madri: Facultad de Educación de la Universidad Complutense de Madrid, 2003.

BAS PEÑA, E.; CAMPILLO DÍAZ, M.; SÁEZ CARRERAS, J. *La educación social*: universidad, estado y profesión. Barcelona: Laertes, 2010.

BEAUVOIR, S. *O segundo sexo*: fatos e mitos. 6. ed. Rio de Janeiro: Nova Fronteira, 1980. v. 1.

BECK, H. El sentido de las etapas de la vida: niñez-juventud-edad adulta-ancianidad. *Revista Educadores*, v. 36, n. 72, p. 473-499, 1994.

BEL ADELL, C. *Exclusión social*: origen y características. Múrcia: Curso de Formación Específica em Compensación Educativa para Agentes Educativos, 2002.

BORGES, V. *A reconstrução de uma ética pedagógica libertadora à luz de Paulo Freire*. Curitiba: CRV, 2013.

BRANDÃO, C. R. *Lutar com a palavra*: escritos sobre o trabalho do educador. Rio de Janeiro: Graal, 1982.

CAPONI, S. *Da compaixão à solidariedade*: uma genealogia da assistência médica. Rio de Janeiro: FIOCRUZ, 2000.

CAPONI, S. A saúde como abertura ao risco. *In*: CZERESNIA, D.; FREITAS, C. M. (org.). *Promoção da saúde*: conceitos, reflexões, tendências. Rio de Janeiro: FIOCRUZ, 2003. p. 55-77.

CARVALHO, S. R. As contradições da promoção à saúde em relação à produção de sujeitos e a mudança social. *Ciência & Saúde Coletiva*, Rio de Janeiro, v. 9, n. 3, p. 669-678, 2004. Disponível em: http://www.scielo.br/pdf/csc/v9n3/a13v09n3.pdf. Acesso em: 5 mar. 2009.

CASTELL, R. Encuadre de la exclusión. *In*: KARSZ, S. (coord.). *La exclusión*: bordeando sus fronteras. Definiciones y matices. Barcelona: Gedisa, 2004. p. 55-86.

CRUZ MOLINA, G. M.; CABRA SOLER, Q. Nuevos retos de la educación para la salud: las sociedades multiculturales y las nuevas prioridades. *Pedagogía Social*, Revista Interuniversitaria, Múrcia, n. 12-13, p. 71-85, dez. 2005.

DELGADO RUIZ, M. Formas contemporáneas de la exclusión social. *In*: GARCÍA MOLINA, J. (coord.). *Exclusiones*: discursos, políticas, profesiones. Barcelona: Editorial UOC, 2013. p. 53-71.

DIAS, A. F. *et al*. Dilemas e desafios no ato de pesquisar em espaços de controle e de privação de liberdade. *In*: OLIVEIRA, M.

W.; Sousa, F. R. (org.). *Processos educativos em práticas sociais*: pesquisas em educação. São Carlos: EdUFSCar, 2014. p. 213-238.

Dussel, E. *Filosofia da libertação*. São Paulo: Loyola, 1977.

Dussel, E. *14 tesis de ética*: hacia la esencia del pensamiento crítico. Madri: Trotta, 2016.

Escarbajal de Haro, A.; Martínez de Miguel López, S. Las estrategias grupales de trabajo cualitativo en educación para la salud. *In*: Morón Marchena, J. A. (coord.). *Investigar e intervenir en educación para la salud*. Madri: Narcea, 2015. p. 71-83.

Fanon, F. *Os condenados da terra*. Rio de Janeiro: Civilização Brasileira, 1968.

Foucault, M. *Vigiar e punir*: nascimento da prisão. 26. ed. Petrópolis: Vozes, 2002.

Freire, P. *Pedagogia do oprimido*. 18. ed. Rio de Janeiro: Paz e Terra, 1988.

Freire, P. *Extensão ou comunicação?* 13. ed. São Paulo: Paz e Terra, 2006.

Freire, P. *Conscientização*: teoria e prática da libertação. Uma introdução ao pensamento de Paulo Freire. 3. ed. São Paulo: Centauro, 2008.

Freire, P. *Educação como prática da liberdade*. 32. reimp. São Paulo: Paz e Terra, 2009.

García Martínez, A. La ética y la profesionalización en educación para la salud. *Pedagogía Social*, Revista Interuniversitaria, Múrcia, n. 12-13, p. 33-41, dez. 2005.

García Martínez, A.; Escarbajal, A. Calidad de vida y vejez: un cambio de perspectiva. *Anales de Pedagogía*, n. 15, p. 141-158, 1997.

García Martínez, A.; Sáez Carreras, J.; Escarbajal de Haro, A. *Educación para la salud*: la apuesta por la calidad de vida. Madri: Arán, 2000.

García Martínez, A.; Sánchez Lázaro, A. M. Promoción y educación para la salud: balance y perspectivas. *In*: Morón

MARCHENA, J. A. (coord.). *Investigar e intervenir en educación para la salud*. Madri: Narcea, 2015. p. 17-30.

GARCÍA MOLINA, J. Orígenes y usos de una categoría hegemónica. *In*: GARCÍA MOLINA, J. (coord.). *Exclusiones*: discursos, políticas, profesiones. Barcelona: Editorial UOC, 2013a. p. 33-50.

GARCÍA MOLINA, J. Los educadores sociales ante la exclusión. *In*: GARCÍA MOLINA, J. (coord.). *Exclusiones*: discursos, políticas, profesiones. Barcelona: Editorial UOC, 2013b. p. 156-175.

GONÇALVES E SILVA, P. B. Práticas sociais e processos educativos: da vida e do estudo até o grupo de pesquisa. *In*: OLIVEIRA, M. W.; SOUSA, F. R. (org.). *Processos educativos em práticas sociais*: pesquisas em educação. São Carlos: EdUFSCar, 2014. p. 19-27.

GUTIÉRREZ PÉREZ, F. *El lenguaje total*: una pedagogía de los medios de comunicación. Buenos Aires: Humanitas, 1989.

GUTIÉRREZ PÉREZ, F. *Educación como práxis política*. Cidade do México: Siglo XXI, 1991.

GUTIÉRREZ PÉREZ, F.; PRIETO, D. *¿Qué significa aprender?* San José da Costa Rica: ILPEC, 1992.

ILLICH, I. *A expropriação da saúde*: nêmesis da medicina. 3. ed. Rio de Janeiro: Nova Fronteira, 1975.

JOLY, I. Z. L. *et al*. Pesquisa e intervenção em música: uma perspectiva da educação musical ao longo da vida. *In*: OLIVEIRA, M. W.; SOUSA, F. R. (org.). *Processos educativos em práticas sociais*: pesquisas em educação. São Carlos: EdUFSCar, 2014. p. 239-262.

LARROSA BONDÍA, J. Notas sobre a experiência e o saber da experiência. *Revista Brasileira de Educação*, Rio de Janeiro, n. 19, p. 20-28, jan./abr. 2002.

LIMÓN, M. R. La educación de las personas mayores. *In*: PETRUS, A. (coord.). *Pedagogía social*. Barcelona: Ariel, 1997. p. 292-329.

LISBOA, A. M. De América a Abya Yala: semiótica da descolonização. *Revista de Educação Pública*, Cuiabá, v. 23, n. 53/2, p. 501-531, maio/ago. 2014.

LÓPEZ, F. P.; FLECHA, R. Educación de personas adultas. *In*: PETRUS, A. (coord.). *Pedagogía social*. Barcelona: Ariel, 1997. p. 154-177.

LUPTON D. *Risk*. Nova York: Routledge, 1999.

MASSÉ, R. La santé publique comme nouvelle moralité. *Cahiers de Recherches Éthiques*, n. 22, p. 155-176, 1999.

MERHY, E. E.; FEUERWERKER, L. C. M.; CECCIM, R. B. Educación permanente en salud: una estrategia para intervenir en la micropolítica del trabajo en salud. *Salud Colectiva*, Buenos Aires, v. 2, n. 2, 2006. Disponível em: http://www.redalyc.org/articulo.oa?id=73120204. Acesso em: 14 ago. 2015.

MEYER, D. E. E. *et al*. "Você aprende. A gente ensina?". Interrogando relações entre educação e saúde desde a perspectiva da vulnerabilidade. *Cadernos de Saúde Pública*, Rio de Janeiro, v. 22, n. 6, p. 1335-1342, jun. 2006. Disponível em: http://www.scielosp.org/pdf/csp/v22n6/22.pdf. Acesso em: 5 mar. 2009.

MIGNOLO, W. D. *La idea de América Latina*: la herida colonial y la opción decolonial. Barcelona: Gedisa, 2007.

MONTRONE, A. V. G. *et al*. Mulheres: vivências de procesos educativos para o exercício dos direitos. *In*: OLIVEIRA, M. W.; SOUSA, F. R. (org.). *Processos educativos em práticas sociais*: pesquisas em educação. São Carlos: EdUFSCar, 2014. p. 167-194.

MOREIRA, J. Apontamentos críticos para a educação em saúde a partir da pedagogia social: aproximações com a educação popular. *In*: REUNIÃO ANUAL DA ANPED, 38., 2017, São Luís. *Anais* [...]. São Luís: ANPED, 2017. 15 p. Disponível em: http://38reuniao.anped.org.br/sites/default/files/resources/programacao/trabalho_38anped_2017_GT06_494.pdf. Acesso em: 2 maio 2018.

MOREIRA, J.; ROSA, M. S. T. Jean-Paul Sartre e Paulo Freire: aproximações entre a liberdade existencialista e a educação libertadora. *Contrapontos*, online, Itajaí, v. 14, n. 3, p. 407-424, set./dez. 2014. Disponível em: https://siaiap32.univali.br/seer/index.php/rc/article/view/5276/3670. Acesso em: 2 maio 2018.

Nuñez, V.; Planas, T. La educación social especializada – historia y perspectivas: una propuesta metodológica. *In*: Petrus, A. (coord.). *Pedagogía social*. Barcelona: Ariel, 1997. p. 103-129.

Oliveira, E. R.; Túbero, R.; Nogueira, S. G. Relações étnico--raciais: educação e pertencimento. *In*: Oliveira, M. W.; Sousa, F. R. (org.). *Processos educativos em práticas sociais*: pesquisas em educação. São Carlos: EdUFSCar, 2014. p. 143-166.

Oliveira, M. W. *et al*. Processos educativos em práticas sociais: reflexões teóricas e metodológicas sobre pesquisa educacional em espaços sociais. *In*: Oliveira, M. W.; Sousa, F. R. (org.). *Processos educativos em práticas sociais*: pesquisas em educação. São Carlos: EdUFSCar, 2014a. p. 29-46.

Oliveira, M. W. *et al*. Pesquisando processos educativos em práticas sociais: reflexões e proposições teórico-metodológicas. *In*: Oliveira, M. W.; Sousa, F. R. (org.). *Processos educativos em práticas sociais*: pesquisas em educação. São Carlos: EdUFSCar, 2014b. p. 113-141.

Petrus, A. Introducción. *In*: Petrus, A. (coord.). *Pedagogía social*. Barcelona: Ariel, 1997a. p. 7-8.

Petrus, A. Concepto de educación social. *In*: Petrus, A. (coord.). *Pedagogía social*. Barcelona: Ariel, 1997b. p. 9-39.

Pinillos, J. L. Mitos y estereotipos, los mayores que vienen. *In*: VVAA. *Una aproximación pluridisciplinar al entorno de la vejez*. Madri: Fundación Caja de Madrid, 1994. p. 13-20.

Quijano, A. Colonialidad del poder, eurocentrismo y América Latina. *In*: Lander, E. (comp.). *La colonialidad del saber*: eurocentrismo y ciencias sociales. Perspectivas latinoamericanas. Buenos Aires: Consejo Latinoamericano de Ciencias Sociales (Clacso), 2000. p. 201-246. Disponível em: http://www.decolonialtranslation.com/espanol/quijano-colonialidad-del-poder.pdf. Acesso em: 19 out. 2016.

Quintana, J. M. Antecedentes históricos de la educación social. *In*: Petrus, A. (coord.). *Pedagogía social*. Barcelona: Ariel, 1997. p. 67-91.

Raupp, B. et al. A vigilância, o planejamento e a educação em saúde no SSC: uma aproximação possível? *In*: Vasconcelos, E. M. (org.). *A saúde nas palavras e nos gestos*: reflexões da rede de educação popular e saúde. São Paulo: Hucitec, 2001. p. 207-216.

Sáez Carreras, J. La construcción de la pedagogía social: algunas vías de aproximación. *In*: Sáez Carreras, J. (coord.). *Pedagogía social*. Barcelona: Ariel, 1997. p. 40-66.

Sáez Carreras, J. ¿De qué están excluidos/privados "los excluidos sociales"? *In*: García Molina, J. (coord.). *Exclusiones*: discursos, políticas, profesiones. Barcelona: Editorial UOC, 2013a. p. 71-94.

Sáez Carreras, J. La política frente a la exclusión social. *In*: García Molina, J. (coord.). *Exclusiones*: discursos, políticas, profesiones. Barcelona: Editorial UOC, 2013b. p. 95-132.

Sáez Carreras, J.; García Molina, J. De la profesión a la práctica educativa social. *In*: García Molina, J. (coord.). *Exclusiones*: discursos, políticas, profesiones. Barcelona: Editorial UOC, 2013. p. 134-156.

Sánchez Lázaro, A. M. Algunas pruebas de la eficacia de la educación para la salud. *Pedagogía Social*, Revista Interuniversitaria, Múrcia, n. 12-13, p. 87-100, dez. 2005.

Schönardie, P. A. Educação popular como política pública: análise crítica. *In*: Reunião Anual da Anped, 37., 2015, Florianópolis. *Anais* [...]. Florianópolis: ANPED, 2015. 17 p. Disponível em: http://37reuniao.anped.org.br/wp-content/uploads/2015/02/Trabalho-GT06-3501.pdf. Acesso em: 1 mai. 2016.

Smeke, E. L. M. Espiritualidade e atenção primária à saúde: contribuições para a prática cotidiana. *In*: Vasconcelos, E. M. (org.). *A espiritualidade no trabalho em saúde*. 2. ed. São Paulo: Hucitec, 2011. p. 341-369.

Smeke, E. L. M.; Oliveira, N. L. S. Educação em saúde e concepções de sujeito. *In*: Vasconcelos, E. M. (org.). *A saúde nas palavras e nos gestos*: reflexões da rede de educação popular e saúde. São Paulo: Hucitec, 2001. p. 115-136.

TIZIO, H. La categoría "inadaptación social". *In*: PETRUS, A. (coord.). *Pedagogía social*. Barcelona: Ariel, 1997. p. 92-102.

TRILLA, J. Animación sociocultural y educación en el tiempo libre. *In*: PETRUS, A. (coord.). *Pedagogía social*. Barcelona: Ariel, 1997. p. 130-153.

VALADÃO, M. M. *Saúde na escola*: um campo em busca de espaço na agenda intersetorial. Tese de Doutorado. Faculdade de Saúde Pública, Universidade de São Paulo, São Paulo, 2004.

VALLA, V. V. Educação popular, saúde comunitária e apoio social numa conjuntura de globalização. *Cadernos de Saúde Pública*, Rio de Janeiro, v. 15, supl. 2, p. 7-14, 1999. Disponível em: http://www.scielosp.org/scielo.php?script=sci_arttext&pid=S0102--311X1999000600002. Acesso em: 14 jul. 2006.

VALLA, V. V. Problematizando o termo conversão a partir do campo religioso. *Revista Brasileira de Educação*: homenagem à contribuição de Victor Valla ao pensamento da educação popular, Rio de Janeiro, v. 14, n. 42, p. 576-590, set./dez. 2009.

VALLA, V. V. A vida religiosa como estratégia das classes populares na América Latina de superação da situação do impasse que marca suas vidas. *In*: VASCONCELOS, E. M. (org.). *A espiritualidade no trabalho em saúde*. 2. ed. São Paulo: Hucitec, 2011. p. 310-340.

VASCONCELOS, E. M. Redefinindo as práticas de saúde a partir da educação popular nos serviços de saúde. *In*: VASCONCELOS, E. M. (org.). *A saúde nas palavras e nos gestos*: reflexões da rede de educação popular e saúde. São Paulo: Hucitec, 2001. p. 11-19.

VASCONCELOS, E. M. A espiritualidade no cuidado e na educação em saúde. *In*: VASCONCELOS, E. M. (org.). *A espiritualidade no trabalho em saúde*. 2. ed. São Paulo: Hucitec, 2011. p. 13-157.

VASCONCELOS, V. O. Diálogos às margens: reinventando a educação popular em contextos de trabalho comunitário e pesquisa. *In*: OLIVEIRA, M. W.; SOUSA, F. R. (org.). *Processos educativos em práticas sociais*: pesquisas em educação. São Carlos: EdUFSCar, 2014. p. 195-212.

VENCESLAO PUEYO, M. Principales teorías de la desviación social. *In*: GARCÍA MOLINA, J. (coord.). *Exclusiones*: discursos, políticas, profesiones. Barcelona: Editorial UOC, 2013. p. 16-33.

VENCESLAO PUEYO, M.; GARCÍA MOLINA, J. Desarrollos teóricos y conceptuales: introducción. *In*: GARCÍA MOLINA, J. (coord.). *Exclusiones*: discursos, políticas, profesiones. Barcelona: Editorial UOC, 2013. p. 15-16.

VERDI, M.; CAPONI, S. Reflexões sobre a promoção da saúde numa perspectiva bioética. *Texto & Contexto Enfermagem*, Florianópolis, v. 14, n. 1, p. 82-88, jan./mar. 2005.

Este livro foi impresso em março de 2020 pela PSI7 –
Printing Solutions & Internet 7 S.A. em São Paulo/SP.